MARABOUT ***INFORMATIQUE***

Alexandre MARET

JAVA facile

MARABOUT

Les collections *informatiques* sont dirigées par ghéorghiï vladimirovitch grigorieff

---

Direction de l'édition Yann Delalande

Direction littéraire Françoise Dequenne

Sommaire

Remarque importante

Les différents listings des programmes développés dans cet ouvrage sont disponibles sur le site des auteurs Marabout informatique, sur l'Internet, à l'adresse :

www.marabout.com

L'auteur vous invite également à visiter ses pages sur le Web et à lui écrire pour lui envoyer vos remarques ou suggestions. Vous pouvez aisément procéder à l'un et l'autre directement à partir du site des auteurs Marabout sur le Web.

1. Introduction

1.1 Préface

Cet ouvrage est basé sur mon travail de diplôme réalisé dans le cadre de l'Ecole d'Ingénieurs de Genève, intitulé “Bibliothèque d'exemples pour Java”. Cette étude a été réalisée au printemps 1996 en collaboration avec le Centre Universitaire d'Informatique de Genève.

Je tiens à remercier toutes les personnes qui m'ont soutenu lors de la rédaction de ce livre, ainsi que tous ceux qui m'ont offert l'opportunité de m'intéresser à ce langage.

Ce livre est destiné à tous ceux qui veulent apprendre à utiliser le langage de programmation Java. Nous avons cherché à rendre le lecteur autonome en lui expliquant comment fonctionnent les différents éléments de l'architecture Java. Cet ouvrage n'est pas un livre de recettes de cuisine, nous n'avons pas voulu créer l'illusion que tout un chacun est capable de créer une application graphique en Java après avoir simplement parcouru dix pages. En revanche, lorsque le lecteur aura assimilé cet ouvrage, il sera à même de créer tout type d'application et de se perfectionner en consultant l'abondante documentation disponible en ligne.

1.2 Qu'est-ce que Java ?

1.2.1 Historique

Pendant l'été 1991, un groupe de développeurs travaillant pour Sun Microsystems remarque que de plus en plus d'appareils électriques domestiques contiennent des microcontrôleurs. Sur la base de cette constatation, ils étudient la faisabilité d'un système pouvant piloter tous les appareils ménagers présents dans les habitations.

Un des points clés de ce projet est la portabilité du système, c'est-à-dire la possibilité d'exécuter des programmes sur de multiples configurations matérielles.

En août de la même année, l'ambition du groupe de programmeurs a changé, le but du projet devenant alors la création d'un système d'interfaçage entre appareils ménagers et systèmes informatiques. Un des membres de l'équipe crée un langage orienté objets de haute qualité, nommé Oak. Afin de tester ce langage, des programmes graphiques de démonstration sont écrits, servant d'interface utilisateur pour des appareils fictifs et des ordinateurs de poche de type PDA (*personnal digital assistant*).

Une année plus tard, en août 1992, le directeur de Sun Microsystems assiste à une démonstration du projet **Oak** et est très impressionné par les résultats de ce groupe de travail, car à cette époque, il n'existait aucun projet de la même catégorie chez les concurrents.

Dans un tout autre registre, mais à la même époque, on peut noter l'apparition du logiciel Mosaic sur Internet. C'est grâce à cet outil de navigation qu'Internet a gagné le cœur du public, de par sa facilité d'utilisation. En anglais, on appelle une telle application un *browser*. De nos jours, Mosaic n'est plus guère utilisé, Netscape Navigator et Microsoft Internet Explorer ayant remplacé Mosaic sur les ordinateurs personnels.

Pendant l'été 1994, la décision de convertir le langage Oak et de l'adapter aux technologies des réseaux informatiques tels que Internet est prise par la direction. En effet, après de nombreuses études de marché, Sun se rend compte que le marché n'est pas suffisamment développé pour un produit tel que Oak, n'assurant donc pas une rentabilité intéressante.

On peut expliquer ce changement de direction par le fait que la portabilité du système Oak convient tout à fait à un réseau de machines totalement hétérogènes[1] à l'image d'Internet. Pour refléter la réorientation du projet, **Oak devient Java** et WebRunner fait son apparition. **WebRunner** est un outil de

---

[1] Un réseau de machines hétérogènes est composé de machines d'architectures différentes, pouvant fonctionner sous de multiples systèmes d'exploitation.

navigation qui est capable de charger des modules de traitement de données à la demande.

Cela permet d'intégrer des documents dans des formats les plus divers dans des pages Web, sans avoir à se soucier si le logiciel de navigation reconnaît ce type de document, puisque celui-ci n'aura qu'à charger le module de conversion correspondant pour pouvoir interpréter les données transmises. WebRunner sera rapidement abandonné au profit de **HotJava**, qui fut le premier logiciel de navigation capable d'exécuter des applets.

En août 1995, Sun Microsystems vend une licence d'utilisation de Java à Netscape Communications Inc. La technologie Java est désormais intégrée au logiciel Netscape Navigator, ce qui assure son rapide déploiement sur Internet.

Pour l'anecdote, c'est lors d'une réunion de travail que les ingénieurs du projet décidèrent d'appeler leur produit Java. En effet, ce nom représente bien les concepts qui accompagnèrent Java dans ses débuts sur Internet, lorsque apparurent les premiers sites réellement interactifs. En anglais, Java signifie café, dans le langage courant.

1.2.2 Le langage et l'environnement Java

Ce chapitre passe en revue les différents points clés de Java. Si vous ne comprenez pas tous les termes utilisés, ce n'est pas une fatalité car nous y reviendrons tout au long de cet ouvrage.

Le langage Java est un langage à usage général, orienté objets. Sa syntaxe est basée sur C et C++. Malgré les apparences, Java a tout de même été complètement réécrit et il n'est pas une extension de C ou de C++. En particulier, Java est un langage à typage fort contrairement à C et toutes les fonctionnalités pouvant induire le programmeur en erreur que l'on trouve dans C++ ont été supprimées. Cela en fait un langage facile d'accès.

HotJava est un logiciel de navigation qui permet l'exécution de programmes Java présents dans des pages Web. HotJava est un logiciel extensible. On peut lui ajouter des modules, bien évidemment écrits en Java, afin de supporter des types de données supplémentaires. C'est la première application importante à avoir été écrite en Java.

Il existe deux types de programmes en Java: les **applets** et les **applications**. Commençons par les applets (prononcer "applette"). Une applet est prévue pour fonctionner à l'intérieur d'une page Web, dans un logiciel de navigation. Lorsqu'un logiciel de navigation télécharge une page Web contenant une applet, il récupère automatiquement le **J-code** nécessaire depuis le serveur et l'exécute. Une application, au contraire, est un programme autonome qui n'a besoin d'aucun environnement particulier, si ce n'est la machine virtuelle Java.

La **machine virtuelle Java** est chargée de gérer l'allocation et la désallocation de la mémoire, ce qui évite au programmeur beaucoup d'erreurs qui sont si fréquentes en C. Périodiquement, une tâche s'occupe de récupérer la mémoire qui n'est plus utilisée (*garbage-collector*), comme dans les environnements SmallTalk ou Lisp.

On peut également noter que Java est multi-processus (*multi-threads*). Il utilise le moniteur comme mécanisme d'exclusion mutuelle et les signaux pour la synchronisation.

Afin de ne pas faillir au concept Java, les processus sont implémentés en respectant le modèle de la programmation orientée objets.

1.2.3 Développements futurs

Java est un système qui a de l'avenir. En effet, jamais un tel engouement de la part des fabricants de logiciels ne s'était fait ressentir. Tous les distributeurs majeurs d'environnements de programmation sont présents: Borland, Symantec, Microsoft, IBM et MetroWerks. Le nombre de plates-formes actuellement supportées est sans cesse en augmentation. On peut citer entre autres Windows95, NT, MacOS, Solaris, NeXT, Linux, IRIX, AmigaOS, OS/2, AIX, OS400.

Certaines machines virtuelles viennent d'apparaître sur le marché, des environnements qui effectuent ce que l'on appelle de la **compilation JIT**, *Just in Time.* Il s'agit d'une translation du J-code en code machine natif, en cours d'exécution. Une fois le code de l'applet ou de l'application chargé, il est transformé en code natif. La vitesse d'exécution approche alors la vitesse d'une application compilée spécialement pour la plate-forme en question.

Sun a également commencé la distribution d'un kit d'accès aux bases de données JDBC (*Java Database Connectivity*), ainsi que d'un système permettant l'invocation de méthodes distantes (RMI, *Remote Method Invocation*). Le **kit JDBC** permet de créer des applets qui accèdent à des bases de données, ce qui est particulièrement intéressant pour les entreprises qui possèdent un Intranet. Le **système RMI** permet de créer des programmes distribués, sans se soucier de l'hétérogénéité du parc informatique.

On peut mentionner le rapprochement de Java et de VRML, un langage de description de scènes tridimensionnelles. Les applications d'un produit dérivé de ces deux technologies permettent par exemple d'effectuer des simulations dans le domaine de la chimie moléculaire, ou de recréer des environnements 3D dans lesquels évoluent des entités dont le comportement est géré par un programme Java.

Vous avez peut-être entendu parler des Network Computers, ou **NC**. Il s'agit d'une norme créée par

Oracle et un consortium d'éditeurs de logiciels définissant un type d'ordinateur capable d'exécuter des applications Java. Le but étant de remplacer les PC dans les entreprises, où la maintenance du parc informatique est trop coûteuse. En effet, l'avantage des NC est que toute l'administration est centralisée car ceux-ci ne contiennent pas d'unité de stockage, le stockage étant réalisé sur un serveur.

1.3 Installation du Java Development Kit de Sun

Pour pouvoir utiliser les exemples décrits dans ce livre, il vous faut un environnement de programmation Java. Nous recommandons le **JDK 1.0.2** ou le **JDK 1.1** de Sun.

Vous pouvez télécharger l'un de ces environnements aux adresses suivantes:

http://www.javasoft.com

http://www.javasoft.com/products/jdk/1.0.2/index.html

http://www.javasoft.com/products/jdk/1.1/index.html

Vous trouverez également des informations mises à jour concernant le JDK. Il est également recommandé de télécharger la documentation des API, que nous décrirons au chapitre 8.

Attention

La procédure d'installation qui suit décrit l'installation du JDK sur une plate-forme Windows95. Veuillez vous reporter aux informations de Javasoft si vous utilisez un autre système d'exploitation. Après avoir téléchargé le JDK, vous devriez être en possession de l'une des archives suivantes:

JDK-1.0.2-win32-x86.exe

jdk1.1-win32-x86.exe

Ces deux fichiers sont des exécutables qui contiennent le JDK sous forme compressée. Nous allons décrire brièvement la procédure d'installation pour le JDK 1.0.2 et le JDK 1.1 sous Windows 95. Veuillez vous référer à la documentation comprise dans le JDK si vous utilisez un autre système d'exploitation.

•Version 1.0.2

Lorsque vous exécutez l'archive, celle-ci se décompresse automatiquement et crée un répertoire `java\`. Placez ce répertoire où vous le désirez (typiquement dans `c:\`, ce qui donne `c:\java\`). Après avoir décompressé le kit, il faut ajouter c:\java\bin dans votre chemin d'accès (`PATH`). Pour ce faire, il vous faut éditer votre fichier `autoexec.bat`. Si celui-ci contenait:

```
set PATH=c:\windows;...;c:\dos
```

vous devrez remplacer cette ligne par:

```
set PATH=c:\windows;...;c:\dos;c:\java\bin
```

Il faut également créer une variable `CLASSPATH`:

```
SET CLASSPATH=.;C:\JDK1.1\LIB\CLASSES.ZIP
```

•Version 1.1

Exécutez l'archive pour démarrer l'installation. Une fois l'installation terminée, il faut ajouter le répertoire `bin` dans le chemin d'accès (`PATH`). Editez votre `autoexec.bat` de la manière suivante:

```
set PATH=c:\windows;...;c:\dos
```

vous devrez remplacer cette ligne par:

```
set PATH=c:\windows;...;c:\✂
dos;c:\jdk1.1\bin
```

Il faut également créer une variable CLASSPATH:

```
SET CLASSPATH=.;C:\JDK1.1\LIB\CLASSES.ZIP
```

Après avoir redémarré votre ordinateur, vous serez en mesure d'utiliser le JDK. Il vous suffit d'entrer:

```
java
```

Si une liste d'options apparaît, le JDK est installé correctement.

2. L'environnement Java

2.1 Le code source

Le code source est un fichier texte. Il peut être créé grâce à un éditeur ou à l'aide d'un environnement de développement intégré. Un fichier source contient les instructions que devra exécuter l'ordinateur. Un programme est généralement composé de plusieurs fichiers source. Voici un exemple de code source:

```
class addition {
  // commentaire...
  public static void main(String args[]) {
      System.out.println("10 + 11 font");
      System.out.println(10+11);
  }
}
```

Il s'agit de code source Java. Souvent, on parle simplement de code Java au lieu de code source Java. En Java, la syntaxe est rigoureuse. On peut comparer la syntaxe aux règles d'orthographe et de grammaire du français. Les phrases sont structurées d'une manière précise et les mots qui le composent doivent respecter l'orthographe. Cela veut dire qu'il ne faut pas oublier de point-virgule et qu'il faut respecter la casse (majuscule - minuscule) des instructions.

Toute erreur de syntaxe est généralement sanctionnée par une erreur à la compilation.

Il est possible d'ajouter des commentaires en utilisant par exemple le symbole `//` afin de faciliter la compréhension du programme. Recopiez ce code source dans un nouveau fichier et enregistrez-le sous le nom `addition.java`.

2.2 La compilation

On ne peut pas exploiter directement le code source. Il faut d'abord passer par une étape que l'on nomme compilation qui transformera ce code source en J-code ou *byte-code* Java, J-code qui sera exécuté dans la machine virtuelle (nous y reviendrons). On dit que l'on compile un fichier source ou un programme. L'outil utilisé est donc le compilateur.

Pour invoquer le compilateur Java, tapez la commande suivante dans le même répertoire que le fichier `addition.java` si vous utilisez le JDK de Sun:

```
javac addition.java
```

La compilation de ce programme ne devrait pas afficher de message. Si un message d'erreur devait apparaître, veuillez vérifier la syntaxe du code source. Cette opération de compilation va créer un fichier portant le nom de la classe et dont l'extension est `.class`.

> ***Attention***
>
> Lorsque vous compilerez certains programmes avec le compilateur du JDK 1.1, vous pourrez lire le message suivant:
>
> ```
> Note: programme.java uses a deprecated
> API. Recompile with "-deprecation" for
> details.
>
> 1 warning
> ```
>
> Cela signifie que votre programme contient des références à des éléments de la version 1.0.2. Cela n'empêchera pas votre programme de se compiler ou de s'exécuter correctement. Dans ce livre, nous nous sommes basés principalement sur la version 1.0.2 de Java car elle est plus facile à appréhender. Lorsque l'on fera appel à un élément spécifique de la version 1.1, nous l'expliciterons.

2.3 La machine virtuelle Java

Un ordinateur contient généralement un processeur. Chaque famille de processeurs comprend un langage machine qui lui est propre. C'est la principale raison qui vous empêche d'utiliser un traitement de texte pour Macintosh sur un PC. Lorsque l'on programme dans un langage classique tel que Pascal ou C, le compilateur génère un exécutable destiné à la machine sur laquelle il sera utilisé.

En Java, le compilateur génère un "exécutable" destiné à une machine virtuelle. Cette machine virtuelle est un programme qui simule un processeur capable de comprendre du byte-code Java (ou J-code). Ainsi, vous n'êtes pas restreint à l'utilisation de ce programme sur un ordinateur contenant tel processeur, mais vous pouvez l'exécuter sur tout ordinateur pour lequel une machine virtuelle est disponible.

Pour exécuter `addition`, veuillez entrer la commande suivante avec le JDK de Sun:

```
java addition
```

Vous devriez normalement voir apparaître les lignes suivantes

```
10 + 11 font
21
```

3. Les concepts de la Programmation

3.1 Introduction

Il existe deux modèles de programmation distincts. Le premier est le modèle procédural que vous avez utilisé si vous avez programmé en C ou en Pascal. Le deuxième modèle est dit orienté objets. On parle alors de **Programmation Orientée Objets** ou POO. Java et C++ sont orientés objets.

Lorsque l'on utilise un langage orienté objets, on réfléchit en termes d'objets. Par exemple, vous désirez écrire un programme capable de gérer une bibliothèque. On définira alors une classe d'objets `livre` et une classe `rayon`. A chaque livre physique correspondra un objet `livre` dans la mémoire de l'ordinateur, de même pour les rayons. Remarquons qu'en Java, l'application elle-même est un objet !

Chaque objet contient des données ainsi que le code servant à les exploiter. Ce code est divisé en un certain nombre de méthodes.

En ce qui concerne les données, nous pouvons imaginer à titre d'exemple que l'objet `livre` doit contenir le titre, le nom de l'auteur, la date de parution, le nombre de pages, ainsi que le nom du rayon sur lequel il est disposé. Pour ce qui est du code, nous pouvons par exemple écrire une méthode chargée d'afficher une page du livre ou une autre qui recherche un mot dans le texte.

3.2 Les identificateurs

A chaque objet, classe, programme ou variable est associé un nom. On parle également d'identificateur. Celui-ci doit être choisi afin de faciliter la compréhension du programme. Ainsi, on préférera l'identificateur `livrePrincipal` ou `petiteVoiture` à `objet231` ou `var`. Il est possible d'utiliser tous les caractères alphanumériques ainsi que le signe souligné _ et le dollar $ dans la composition d'un identificateur, à condition que le premier caractère ne soit pas un chiffre.

Quelques identificateurs valides:

- `petiteVoiture`
- `$quantite`
- `_limiteSuperieure4`

Et quelques identificateurs non valides:

- `3claviers`
- `partsDeMarche%`

Remarquons que lorsqu'un identificateur est composé de plusieurs mots, la convention veut que l'on commence par une minuscule et que la première lettre des mots suivants soit majuscule (`petiteVoiture`).

Rappelons encore une fois que le compilateur différencie les majuscules des minuscules. Les identificateurs `grand` et `GRAND` sont donc deux identificateurs distincts.

3.3 Les objets et les classes

Il faut bien distinguer les objets des classes. La classe est la description d'un objet. Ainsi, nous pouvons définir la classe `livre` et les objets `dictionnaire` et `javaFacile`. On dit que ces objets sont des instances de la classe `livre`.

Comme nous l'avons dit précédemment, un objet contient des données et du code. Pour chaque instance d'une classe, le code est le même, mais il travaille sur des données qui sont généralement propres à chaque objet, sauf en ce qui concerne les méthodes de classe. Cela peut paraître compliqué pour l'instant, mais nous y reviendrons au chapitre 5, consacré à la programmation orientée objets.

3.4 Les variables

Une variable sert à stocker une donnée. Chaque variable est typée. Ce type peut être un nombre, un caractère ou une valeur booléenne (vrai ou faux). Il s'agit en fait d'un emplacement dans la mémoire de la machine. En Java, on y fait référence grâce à un identificateur. On peut généralement lire et modifier une variable.

En résumé, les variables sont caractérisées par trois éléments:

- leur identificateur
- leur type
- leur valeur

3.5 Les méthodes

Une méthode est une portion de code lié à une classe qui effectue une tâche particulière. On dit que l'on "appelle une méthode" lorsque l'on demande son exécution.

Une méthode a besoin de données pour effectuer une opération. Ces données peuvent faire partie de l'objet auquel appartiennent ces méthodes ou elles peuvent être passées comme paramètres. Il est parfois utile qu'une méthode retourne un résultat après son exécution. On peut comparer cette valeur retournée à une réponse que donne une méthode. Par exemple, dans le cas de la recherche d'un mot dans un livre, la méthode retourne la page sur laquelle se trouve le mot en question. Ce numéro de page peut ensuite être exploité par l'application.

3. 6 Les commentaires

Comme nous l'avons expliqué dans les chapitres précédents, un choix d'identificateurs soigné rend un programme plus facile à comprendre. Toutefois, il se peut que l'on désire ajouter des commentaires dans le code source. Ceux-ci peuvent par exemple préciser le rôle d'une méthode ou d'une variable, ou ils peuvent contenir des informations sur la date de réalisation ou toute autre information.

Les commentaires Java peuvent être simples ou multi-lignes. Dans le cas de commentaires simples, on utilise le symbole //. Si l'on désire ajouter un commentaire de plusieurs lignes, on le placera entre les symboles /* et */. Exemple :

```
/* ce commentaire multi-lignes
   est censé faciliter la
   compréhension */

class UneClasse {
  int UnEntier = 0; // contient la valeur
  UneClasse() { /* sans paramètre */
  }
}
```

Il existe également un type de commentaire particulier, il s'agit du commentaire de documentation. On place ces commentaires entre /** et */. On peut ensuite utiliser l'utilitaire javadoc du JDK pour générer une documentation sur la classe au format HTML.

4. La programmation

4.1 Votre premier programme

Voyons comment écrire un programme simple qui affiche un petit message. Il faut tout d'abord créer un nouveau fichier `Bonjour.java` contenant le programme suivant:

```
class Bonjour {
  public static void main(String args[]) {
    System.out.println("Bonjour");
  }
}
```

Veuillez compiler et exécuter cette application, en tapant les commandes suivantes, dans le même répertoire que le fichier source:

```
javac Bonjour.java
java Bonjour
```

La première ligne du programme déclare une nouvelle classe dont le nom est `Bonjour`. Le fichier qui contient cette classe doit obligatoirement se nommer `Bonjour.java`.

En Java, les accolades servent à définir un bloc. Tout ce qui se trouve dans un bloc est en rapport avec la déclaration de ce bloc. Ainsi, ce qui se trouve entre l'accolade suivant classe `Bonjour` et la dernière accolade fait partie de la classe `Bonjour`.

La deuxième ligne déclare une méthode, `main`. Toute application Java doit posséder une méthode `main`. C'est elle qui sera exécutée par la machine virtuelle. Nous reviendrons sur les classes et les méthodes plus tard.

Nous remarquons encore une fois la présence d'accolades, servant à marquer le début et la fin de la méthode. Comme vous l'aurez remarqué, les blocs sont omniprésents en Java.

Passons maintenant au contenu de la méthode `main` : la seule instruction qui se trouve dans la méthode main est un appel à la méthode `println` de l'objet `out` contenu dans le paquetage `System`. Pour l'instant, considérons simplement qu'il s'agit de la méthode `println`, qui sert à l'affichage de texte ou de nombres. Cette méthode prend un paramètre de type chaîne de caractères ou un nombre. Une chaîne de caractères est un texte quelconque délimité par des guillemets. Vous pouvez également utiliser la méthode `System.out.print()` qui se différencie de `println()` par le fait qu'elle ne retourne pas au début de la ligne suivante après avoir affiché le paramètre. Toutes les instructions sont séparées par des points-virgule ; .

Vous pouvez modifier le programme `Bonjour` à votre gré pour, par exemple, afficher des messages plus longs. Remplacez le contenu de `main` par les instructions suivantes:

```
System.out.println("Bonjour");
System.out.println("Vous apprenez Java");
System.out.println("A grands pas !");
```

Exécutez à nouveau ce programme pour voir le résultat de vos modifications.

Attention

Après chaque modification de code source, n'oubliez pas de le **recompiler,** à l'aide de Java, avant d'exécuter le programme, car la machine virtuelle n'exécute pas le code source mais le code compilé !

Un programme est composé de déclarations et d'instructions. Décomposons ce programme:

```
class BonjourHello {
  public static void main(String args[]) {
    System.out.println("Bonjour");
    hello();
  }
  public void hello() {
    System.out.println("Hello !");
  }
}
```

Les trois lignes en italique sont des **instructions** et les autres lignes ne contiennent que des **déclarations**. On peut remarquer au début de chaque ligne un espace de taille variable. On appelle cet espace l'**indentation**. On dit que l'on indente un programme ou une ligne lorsque l'on ajoute cet espace.

Cet espace n'est pas nécessaire, il ne fait pas partie de la syntaxe de Java. Il sert uniquement à la compréhension du programmeur, le compilateur n'en a pas besoin. La règle est très simple, chaque fois que l'on entre dans un bloc, on augmente l'indentation. On peut utiliser des espaces (2, 3 ou 4) ou des tabulations.

A titre de comparaison, voici le programme `BonjourHello` sans indentation:

```
class BonjourHello { public static void✂
main(String args[]) {
System.out.println("Bonjour"); hello();✂
} public void hello() {
System.out.println("Hello !"); } }
```

Attention ✂

La paire de ciseaux, que nous utiliserons systématiquement, signale simplement que la ligne a été coupée (ceci du fait de la largeur de la mise en page).

4.2 Les variables

4.2.1 Déclaration et assignation

Souvent, au moment de la rédaction d'un programme, certains paramètres ne sont pas connus. Cela peut être dû au fait que ces paramètres doivent être calculés, entrés par l'utilisateur ou qu'il s'agit de fichiers. Prenons le cas du calcul de la surface d'un rectangle. Nous avons besoin d'une variable pour la largeur, une variable pour la hauteur et une variable pour contenir le résultat du calcul, soit la surface. Lorsque l'on veut créer une nouvelle variable, on dit que l'on déclare une variable. La déclaration la plus simple se fait de la manière suivante:

```
type identificateur;
```

Il existe huit types de variables. Ils sont détaillés dans le tableau suivant:

Nom du type	Taille utilisée	Genre	Valeurs
boolean	8-bits	booléen	"true" ou "false"
byte	8-bits	entier	-128 à +127
short	16-bits	entier	-32768 à +32767
int	32-bits	entier	-2147483648 à 2147483647
long	64-bits	flottant	-9223372036854775808 à 9223372036854775807
float	64-bits	flottant	1.4013e-045 à 3.40282e+038 (en négatif et en positif)
double	64-bits	flottant	2.22507e-308 à 1.79769e+308 (en négatif et en positif)
char	16-bits	caractère	tout caractère

La première opération à effectuer est le choix d'un identificateur qui nous permettra de reconnaître la variable. Celui-ci doit être en rapport avec le contenu de la variable. Il faut ensuite étudier les valeurs que peut prendre la variable afin de lui attribuer un type.

Dans le cas du rectangle, on peut choisir le type `int` pour les trois variables.

Ces variables seront de type entier, cela veut dire qu'il ne sera pas possible de stocker une valeur décimale telle que `2.5`.

Voyons en pratique comment réaliser cette application:

```
class surfaceRectangle {
  public static void main(String args[]) {
    int largeur;
    int hauteur;
    int surface;
    largeur = 5;
    hauteur = 10;
    surface = largeur * hauteur;
    System.out.println(surface);
  }
}
```

Les trois premières lignes déclarent les trois variables. A partir du moment où l'on déclare une variable, elle est utilisable jusqu'à la fin du bloc. Rappelons qu'un bloc est un groupe d'instructions délimité par des accolades `{` et `}`. Ensuite, nous assignons des valeurs aux variables `largeur` et `hauteur`, cela veut dire que l'on stocke ces valeurs dans les variables. Puis nous calculons la surface en utilisant ces deux variables et stockons le résultat dans `surface`. La dernière ligne se charge de l'affichage de la surface. Il est très important de comprendre que nous affichons le contenu de la variable `surface` et pas le mot "surface". Si nous voulions afficher le mot surface, nous l'aurions placé entre guillemets.

Il est souvent utile de donner une valeur initiale à une variable. On le fait grâce à l'opérateur d'assignation, le signe égal. On peut aussi changer la valeur d'une variable à tout moment, une fois qu'elle est déclarée.

Voyons tout cela en pratique:

```
class surfaceRectangle {
  public static void main(String args[]) {
    int largeur = 5;
    int hauteur = 10;
    int surface = largeur * hauteur;
    System.out.println("surface");
    System.out.println(surface);
    largeur = 10;
    surface = largeur * hauteur;
   System.out.print("surface du✂
                  deuxieme = ");
   System.out.println(surface);
 }
}
```

Lorsque l'on exécute ce programme, nous pouvons lire le message suivant:

```
surface
50
surface du deuxieme = 100
```

On peut concaténer (mettre bout à bout) deux chaînes de caractères en utilisant l'opérateur +. Nous aurions pu écrire :

```
System.out.println("surface du deuxieme ✂
= "+surface);
```

en lieu et place de :

```
System.out.print("surface du✂
                        deuxieme = ");
System.out.println(surface);
```

4.2.2 Visibilité et blocs

Une variable est visible — et donc utilisable — à partir du moment où elle est déclarée, jusqu'à la fin du bloc auquel elle appartient. Si dans un sous-bloc on déclare une deuxième variable qui porte le même nom, celle-ci masquera la première jusqu'à la fin du sous-bloc. Exemple:

```
bloc {
  int a = 35;
  int b = 24;
  int c = 10;
  sous-bloc {
    int a = 30;
    int b;
    int d = 88;
    // a vaut 30
    // b n'a pas été initialisé
    // c vaut 10
  }
  // a vaut 35
  // b vaut 24
  // c vaut 10
  // d n'existe pas ici
}
```

Nous avons utilisé les notations `bloc` et `sous-bloc` pour représenter des déclarations de blocs tels que les boucles que nous verrons plus tard. Il n'existe pas d'instructions portant les noms de `bloc` ou de `sous-bloc` !

4.2.3 Format des valeurs

Il est important de bien comprendre que le type d'une variable limite les valeurs que peut prendre celle-ci. Si le type est un type entier (`byte`, `int`), on ne pourra pas stocker de nombres décimaux. De même, on ne pourra pas stocker le nombre 5000 dans une variable de type `byte` car le type `byte` ne peut contenir de valeur aussi grande. Mais le type fixe également la syntaxe — ou format — de ces valeurs. Un nombre entier devra être écrit d'une certaine manière alors qu'un nombre décimal (flottant) devra correspondre à un autre format. Les rubriques qui suivent passent en revue ces différentes contraintes.

4.2.4 Format des nombres entiers

Les types `byte`, `short`, `int` et `long` sont dit entiers. Une valeur entière peut être codée en décimal (base 10), hexadécimal (base 16) ou en octal (base 8). Si l'on désire coder un nombre en hexadécimal, on précédera sa valeur par le préfixe `0x`. Si un nombre commence par un zéro, le compilateur l'interprétera comme un nombre octal, et sinon, le nombre sera décimal.

Le suffixe l ou L peut être ajouté à une valeur si on désire spécifier qu'il s'agit d'un entier long (64 bits).

Exemples:

```
byte nombreHexa     = 0xff;
int  nombreDecimal  = 1996;
long nombreOctal    = 01234567L;
long autreHexa      = 0XdeadbeefL;
long calcul         = 12L * nombreOctal;
```

4.2.5 Format des nombres décimaux

Un nombre à virgule flottante ou nombre décimal est un nombre pouvant contenir une partie décimale, c'est-à-dire un nombre dont la précision est plus grande que l'unité. Les types `float` et `double` sont flottants. Il doit posséder au moins l'un des composants suivants pour être reconnu comme tel: le point, l'exposant, ou l'un des suffixes suivants: f, F, d, D. Il est possible de spécifier des nombres n'ayant pas de partie entière, ou pas de partie décimale.

Exemples:

```
float pi = 3.1415f , a = -0.3f;
float b = +.1f , c = 5F , d = 1e10f;
double v = 3d , w = 1.1;
double x = 1e1 , y = -5.8e-3d , z = .3;
```

Tout littéral qui n'a pas le suffixe `f` ou `F` est de type `double`. L'utilisation du suffixe `d`, `D` est donc facultative dans la déclaration des variables `v`, `w`, `x`, y et z. Attention donc à la faute classique qui est d'écrire la déclaration suivante:

```
float pi = 3.14;
```

De plus, le nombre 1.0 est un nombre de type décimal, même s'il est entier. Il faudra donc le stocker dans une variable de type flottant (de type double, pour être précis, vu que 1.0 n'a pas de suffixe f ou F).

4.2.6 Format des caractères

Un caractère est codé sur 16-bits et il est conforme à la norme Unicode. Un caractère doit être entouré d'apostrophes ' et non de guillemets, car il serait considéré comme une chaîne de caractères. Exemples de caractères:

- 'a'
- '5'
- '+'

Nous avons souvent besoin de faire référence à des caractères que l'on dit spéciaux. Ils sont dits spéciaux car on ne peut pas les utiliser normalement dans le code source. Prenons par exemple le guillemet: si nous voulons stocker un guillemet dans une variable de type char, nous ne pouvons la déclarer comme suit:

```
char cr = ''';
```

... car le compilateur s'attend à trouver un caractère entre le premier et le deuxième guillemet. De plus, le troisième guillemet n'est pas apparié.

La table ci-dessous décrit les principaux caractères spéciaux, ainsi que la façon de les déclarer pour éviter ce type de problèmes:

Représentation	**Signification**
'\n'	nouvelle ligne (NL)
'\t'	tabulation (TAB)
'\b'	*backspace* (BS)
'\r'	retour de chariot (CR)
'\f'	fin de page (FF)
'\\'	*backslash* \
'\''	apostrophe '
'\"'	guillemet "
'\0*ddd*'	caractère ASCII *ddd* (octal)
'\x*dd*'	caractère ASCII *dd* (hexadécimal)
'\u*dddd*'	caractère Unicode *dddd* (hexadécimal)

Exemples de déclarations de caractères spéciaux:

```
char nl = '\n';
char apostrophe = '\'';
char dtq;
dtq = '\u1234';
```

4.2.7 Format des booléens

Une variable booléenne stocke un état. Cet état peut être vrai ou faux, `true` ou `false`. On peut utiliser ce type pour une variable qui est destinée à contenir l'état d'une fenêtre par exemple. Il est ensuite très facile de combiner plusieurs variables d'état booléennes pour décider d'une action à prendre.

Exemples:

```
boolean fenetreOuverte = true;
boolean reponseJuste;
reponseJuste = false;
```

4.2.8 Conversion de type

Parfois, on déclare une variable d'un certain type et on doit par la suite copier sa valeur dans une variable d'un autre type. On dit alors que l'on doit effectuer une conversion de type.

Voici un exemple de conversion de type:

```
int entier = 5;
float flottant = (float)entier;
float decimal = 5.6;
int arrondi = (int)decimal;
```

Il suffit de précéder la variable dont on veut convertir le type du nouveau type entre parenthèses.

Attention

Une conversion peut entraîner une perte d'information. Convertir un nombre décimal en nombre entier revient à arrondir celui-ci. Il y a donc perte de précision.

4.2.9 Les tableaux

4.2.9.1 Les tableaux simples

Comme nous l'avons vu, chaque variable sert à stocker une valeur et une seule. Mais si nous voulons stocker 10 valeurs pour en calculer une moyenne, que pouvons-nous faire ?

Il serait gênant d'avoir à définir 10 variables nommées par exemple `val1`, `val2`, `val3` et ainsi de suite jusqu'à `val10`. En Java, nous avons la possibilité de définir des tableaux de variables. Dans ce cas, nous allons définir un tableau de 10 valeurs entières de la manière suivante:

```
int tab[];

tab = new int[10];
```

La première ligne crée un tableau appelé `tab`. A ce moment, la taille de ce tableau n'est pas encore définie. C'est grâce au mot-clé `new` que l'on va créer (ou allouer) 10 emplacements de type `int` dans ce tableau. Il faut se représenter ce tableau comme une liste de 10 éléments:

entier 0	entier 1	entier 2	...	entier 9

Il existe deux syntaxes pour la déclaration d'un tableau. On peut placer les crochets carrés après le type du contenu ou après l'identificateur:

```
int resultats[];
int[] autresResultats;
```

On peut également combiner la déclaration et l'allocation du tableau, ce que l'on souhaitera faire dans la majorité des cas:

```
int resultats[] = new int[10];
int[] autresResultats = new int[10];
```

Comment utilise-t-on un tableau ?

C'est très simple, il suffit d'indiquer entre crochets le numéro de l'élément que l'on désire lire ou modifier:

```
System.out.println("premier" + resultats[0]);
System.out.println("troisième" + resultats[2]
System.out.println("dernier" + resultats[9]);
resultats[5] = 10;
resultats[8] = resultat[9];
```

On aura remarqué que le premier élément est l'élément 0 et que le dernier élément est inférieur de 1 à la taille du tableau. S'il est une erreur qui est commise souvent lorsque l'on est programmeur débutant, ou même confirmé, c'est bien d'oublier qu'un tableau commence à zéro. Alors tâchez de vous en souvenir lorsque vous en aurez besoin ! L'indice est toujours un nombre entier. N'essayez donc pas d'accéder à l'élément `1.0` d'un tableau.

Pour connaître la taille d'un tableau, on peut consulter son attribut `length` de la façon suivante:

```
int nombreElements = resultats.length;
```

Par contre, il n'est pas possible de modifier la taille d'un tableau en modifiant `length`. Il vous sera donc impossible de compiler le code suivant, car il est invalide:

```
resultats.length = 24;
```

4.2.9.2 Les tableaux multidimensionnels

L'exemple classique que l'on peut donner pour illustrer le besoin de tableaux multidimensionnels est le cas de l'échiquier. Un échiquier est une grille composée de 64 cases, soit un carré de 8 cases par 8. Il est possible de créer un tableau `echiquier` de 64 éléments, 64 caractères:

```
char echiquier[] = new char[64];
```

Mais il faut bien admettre qu'il serait plus pratique de créer une structure qui reflète la forme carrée. Nous pouvons effectivement créer un tableau bidimensionnel de 8 éléments par 8:

```
char echiquier[][] = new char[8][8];
int ligne = 7;
int col = 3;
char roi = echiquier[ligne][col];
```

Par ailleurs, le tableau n'a pas à être carré. On peut créer un tableau de 25 lignes de 3 éléments. Ou encore un tableau à 3 dimensions:

```
float cube3x3x3[][][] = new float[3][3][3];
```

Ce cube sera composé de 27 "boîtes" pouvant stocker un nombre de type `float`.

4.2.9.3 Initialisation d'un tableau

Il est possible de remplir entièrement un tableau de valeurs de la manière suivante :

```
int premiers[] = {3, 5, 7, 11, 13};
int carre3x3[][] = {
  {00, 01, 02},
  {10, 11, 12},
  {20, 21, 22}
};
```

Les accolades délimitent les dimensions, alors que les virgules délimitent les éléments.

L'élément `premiers[0]` vaut 3 et `carre3x3[1][2]` vaut 12.

4.2.9.4 Les arguments d'une application

Nous n'avons pas décrit totalement la déclaration d'une application, dont voici un exemple type:

```
class AppSimple {
  public static void main(String args[]) {
    System.out.println("Je suis ✂
                                  AppSimple");
  }
}
```

On remarque l'utilisation des crochets carrés dans la déclaration de `main`. Le tableau `args` contient tous les paramètres passés sur la ligne de commande de votre application.
Lorsque vous exécutez

```
java AppSimple anne bernard celine
```

... les paramètres `anne`, `bernard` et `céline` sont transmis à votre application à travers le tableau `args`. L'application suivante affiche les deux premiers paramètres qui lui sont transmis:

```
class AffParam {
  public static void main(String args[]) {
   System.out.println("J'ai recu " + ✂
           args.length + "paramètre(s)");
    System.out.println(args[0]);
    System.out.println(args[1]);
  }
}
```

Nous verrons plus tard comment traiter un nombre de paramètres variable, mais pour l'instant, veuillez tester cette application avec au moins 2 paramètres.

Exemple:

```
java AffParam Salut toi
```

Il est possible de convertir ces paramètres en nombres que l'on pourra utiliser dans l'application. Le chapitre 8.3.3 décrit en détail le mécanisme nécessaire à cette conversion, mais pour l'instant voici un exemple:

```
class Multi {
  public static void main(String args[]) {
    int param0 = Integer.parseInt✂
                                (args[0]);
    int param1 = Integer.parseInt✂
                                (args[1]);
  }
}
```

.3 L'incrémentation

Incrémenter veut dire ajouter une quantité à une variable alors que décrémenter signifie retirer une quantité. Généralement on incrémente ou décrémente une variable de 1. Le langage Java offre les 4 opérateurs pour incrémenter ou décrémenter des variables que voici:

x++	post-incrémentation
++x	pré-incrémentation
x--	post-décrémentation
--x	pré-décrémentation

x++ équivaut à x = x + 1

x-- équivaut à x = x - 1

Ces deux opérateurs ++ et -- peuvent tous deux être utilisés en configuration postfixe, ou préfixe. C'est-à-dire avant l'identificateur, ou après celui-ci. Si l'on place l'opérateur avant l'identificateur, l'incrémentation s'effectuera avant l'exécution de la ligne en cours.

Dans la pratique, cela signifie que la ligne

`System.out.println(x++);` est équivalente à

`System.out.println(x); x = x+1;`.

De la même manière,

`System.out.println(++x);` est équivalent à

`x = x+1;System.out.println(x);`.

Le programme suivant démontre toutes les possibilités d'utilisation de ces opérateurs d'incrémentation:

```
class incrementation {
  public static void main(String args[]) {
    int x = 0;
    int y = 0;
    x++;  // postfixe
    ++y;  // prefixe
    System.out.println("x == "+x);
    System.out.println("y == "+y);
    System.out.println("x++ == "+ x++);
    System.out.println("++y == "+ ++y);
    System.out.println("x == "+x);
    System.out.println("y == "+y);
    x = x++;   // inutile car equivalent✂
                    a "x = x; x = x+1;"
    y = --y;   // inutile car equivalent✂
                    a "y = y-1; y = y;"
    System.out.println("x == "+x);
    System.out.println("y == "+y);
    x = y++;   // equivalent✂
                    a "x = y; y = y+1;"
    System.out.println("x == "+x);
    System.out.println("y == "+y);
  }
}
```

Après compilation et exécution, on obtient :

```
x == 1
y == 1
x++ == 1
++y == 2
x == 2
y == 2
x == 2
y == 1
x == 1
y == 2
```

4.4 Opérations mathématiques

Nous venons de le voir, Java permet d'effectuer des opérations arithmétiques. La table suivante résume toutes les possibilités offertes par le langage:

négation	-x
addition	x + y
soustraction	x - y
multiplication	x * y
division	x / y
modulo	x % y

Quelques précisions sont nécessaires. Tout d'abord, le modulo correspond au reste d'une division entière. Ainsi, 5 % 2 vaut 1 car en effectuant la division entière 5 / 2, on obtient 2 et le reste vaut 1. Ensuite, il est important de ne pas oublier que lorsque l'on écrit des opérations en chaîne, celles-ci sont effectuées de gauche à droite, selon l'ordre de priorité suivant: les opérations unaires (négation, pré-incrémentation, pré-décrémentation); viennent ensuite la multiplication, la division et le modulo, toutes trois de même priorité, puis finalement l'addition et la soustraction. L'utilisation des parenthèses (et) permet de rompre la priorité établie. Il est également possible d'imbriquer les parenthèses.

Exemples:

Opération	Résultat
5 * 4 + 2	22
(5 * 4) + 2	22
5 * (4 + 2)	30
-5 * 4	-20
5 % 2 * 3 + 2 * 2	5
5 + -4	1
((8+5)*2)+(5 % 3)*(-3+2)	24

Il reste un point important à préciser: le typage des variables. Chacune de ces opérations met en jeu deux opérandes. Le résultat de cette opération dépend bien évidemment de la valeur de ces opérandes, mais également de leur type. Une addition de deux variables `long` donnera un résultat de type `long`. De même la multiplication d'un `double` par un `double` donnera un `double`. Lorsque l'on effectue des opérations sur des variables de types différents, le compilateur détermine l'opérande dont le type est le plus capable, afin de l'utiliser pour le résultat. Par capable, on entend plus précis, ou permettant de stocker une valeur plus grande. Par exemple, lors d'une opération entre un `float` et un `double`, le résultat sera de type `double` car c'est lui qui permet de stocker des valeurs avec le plus de précision. Lorsque l'on effectue une opération entre un opérande entier (`int`, `long`) et un opérande flottant (`float`, `double`), le résultat est du même type que l'opérande flottant.

Remarquons que la division par zéro pose un problème. Un complément d'information sur le sujet sera donné au chapitre 8.3.3 ainsi qu'au chapitre 10.8, qui décrit les exceptions.

Il existe toute une série d'opérateurs abrégés qui combinent une assignation à une opération arithmétique et rendent ainsi le programme plus lisible.

En voici la liste :

x += y	équivalent à x = x + y
x -= y	équivalent à x = x - y
x *= y	équivalent à x = x * y
x /= y	équivalent à x = x / y
x %= y	équivalent à x = x % y

Le programme suivant démontre l'utilisation de ces opérateurs:

```
class surfaceRectTriangle {
 public static void main (String args[]) {
    int largeur = 5;
    int hauteur = 10;
    int surface = largeur * hauteur;
    System.out.println("surface du✂
           rectangle = " + surface);
    surface /= 2;
    System.out.println("surface du✂
           triangle = " + surface);
    System.out.print("après " + surface);
    surface += 1;
    System.out.println(" il y ✂
           a " + surface);
  }
}
```

L'exécution de cette application aura pour résultat l'affichage du texte suivant:

```
surface du rectangle = 50
surface du triangle = 25
après 25 il y a 26
```

4.5 Opérations logiques

Les opérations logiques ou opérations binaires travaillent sur la représentation binaire d'un nombre. La représentation binaire d'un nombre est une suite de 0 et de 1. Par exemple, 00001011 en binaire est équivalent à la valeur 11. On ne peut utiliser que des entiers dans des opérations logiques. Voici les différents opérateurs et leur signification :

complément (non)	!x
et	x & y
ou	x | y
ou-exclusif (xor)	x ^ y
décalage à gauche	x << y
décalage à droite	x >> y
décalage à droite	x >>> y

L'opérateur >> provoque une extension du signe alors que >>> insère des zéros en début de nombre. Tout comme les opérations arithmétiques, les opérations logiques disposent de raccourcis:

x &= y	équivalent à x = x & y
x |= y	équivalent à x = x | y
x ^= y	équivalent à x = x ^ y
x <<= y	équivalent à x = x << y
x >>= y	équivalent à x = x >> y
x >>>= y	équivalent à x = x >>> y

Et voici maintenant quelques exemples:

```
int quatre = 4;
int huit = quatre << 1;
int un = 8;
un >>>= 3;     // un == 1
int entier = 0xDeadBeef;
int dead   = entier >>> 16;
int beef   = entier & 0xffff;
```

4.6 Instructions de contrôle du flot

4.6.1 Introduction

Un programme ne peut généralement pas se résumer à une simple suite d'instructions. Parfois, nous ne voulons exécuter une portion de code que si une certaine condition se présente.

Nous pouvons aussi avoir besoin d'exécuter une instruction 100 fois. Il ne serait pas très efficace d'utiliser la fonction copier-coller de votre éditeur pour arriver à vos fins. Dans ces deux cas, il existe des structures que l'on nomme instructions de contrôle du flot. Ce chapitre passe en revue les cinq instructions de contrôle du flot présentes en Java.

4.5.2 Exécution conditionnelle - if

L'instruction `if` permet de tester une condition et d'exécuter en fonction de son état (vrai ou faux) un bloc d'instructions ou un autre. La syntaxe est la suivante :

```
if (expression)
  instructionSiVrai;
else
  instructionSiFaux;
```

Il est également possible d'omettre la branche `else` :

```
if (expression)
  instructionSiVrai;
```

Dans le premier exemple, si l'`expression` est vraie (`true`), `instructionSiVrai` sera exécutée. Dans le cas contraire, `instructionSiFaux` sera exécutée. Le deuxième exemple est plus simple, aucune instruction ne sera exécutée si `expression` est fausse (`false`).

Remarquons que si l'on veut exécuter plusieurs instructions si l'expression est vraie, il faudra créer un nouveau bloc à l'aide d'accolades `{` et `}` comme dans l'exemple suivant:

```
if (expression) {
  insVrai1;
  insVrai2;
  insVrai3;
} else {
  insFaux1;
  insFaux2;
}
```

Prenons un exemple concret:

```
class comparaison1 {
  public static void main(String args[]) {
    if (5 < 10)
      System.out.println("5 est plus✂
       petit que 10");
    else
      System.out.println("bizarre,✂
       5 > 10 !!!");
  }
}
```

`expression` peut être une valeur booléenne ou une expression logique comme ci-dessus, `5 < 10`. Une expression logique est une expression dont le résultat est une valeur booléenne.

Voyons les différentes opérations de comparaison disponibles:

a == b	vrai si `a` est égal à `b`
a != b	vrai si `a` est différent de `b`
a > b	vrai si `a` est plus grand que `b`
a < b	vrai si `a` est plus petit que `b`
a >= b	vrai si `a` est plus grand ou égal à `b`
a <= b	vrai si `a` est plus petit ou égal à `b`

Toutes ces comparaisons retournent `true` ou `false` selon les opérandes. Il est également possible d'utiliser les valeurs `true` ou `false` :

```
if (true)
  System.out.println("sera toujours✂
                                exécuté");
else
  System.out.println("ne sera jamais✂
                                exécuté");
```

L'exemple ci-après illustre ces comparaisons:

```
class comparaison2 {
  public static void main(String args[]) {
    int temperature = 23; // en degres✂
                                          celsius
    if (temperature <= 0)
      System.out.println("On gèle !")
    else if (temperature < 10) {
      System.out.println("Il fait froid");
      System.out.prinlnt("mais c'est✂
                            supportable");
    } else if (temperature < 20)
      System.out.println("Il ne fait✂
                             pas très chaud");
    else if (temperature <= 30) {
      System.out.println("Il fait✂
                                   chaud !");
      System.out.println("vive l'été");
    } else if (temperature > 100)
      System.out.println("L'eau bout");
    else
      System.out.println("A boire !");
  }
}
```

Dans l'exemple ci-dessus, le message "`A boire !`" sera affiché lorsque la température est comprise entre 31 et 100. Vous pouvez expérimenter les différents cas en modifiant la valeur de la variable `temperature`. N'oubliez pas de recompiler avant d'exécuter à nouveau `comparaison2`.

Le programme suivant apprécie la température en fonction de la saison et affiche un commentaire de circonstance:

```
class comparaison3 {
  public static void main(String args[]) {
    int mois = 3;             // mois de mars
    int temperature = 23; // en degres celsius
    if (mois <= 3) {
      System.out.println("On est en hiver")
      if (temperature > 20)
        System.out.println("il fait chaud");
      else if (temperature < -10)
        System.out.println("il fait froid");
    } else if (mois <= 6) {
      System.out.println("On est au printemps");
      if (temperature > 25)
        System.out.println("il fait chaud");
      else if (temperature < 5)
        System.out.println("il fait froid");
    } else if (mois <= 9) {
      System.out.println("On est en été");
      if (temperature > 30)
        System.out.println("il fait chaud");
      else if (temperature < 20)
        System.out.println("il fait froid");
    } else { // mois <= 12
      System.out.println("On est en automne");
      if (temperature > 25)
        System.out.println("il fait chaud");
      else if (temperature < 5)
        System.out.println("il fait froid");
  }
}
```

Il est également possible de créer des expressions plus complexes à l'aide des différents opérateurs logiques. Les différents opérateurs sont décrits dans le tableau ci-après, où *a* et *b* sont des entités booléennes (conditions, variables, etc.) :

Opération	Signification logique	Explications
!a	NON a	vrai si a est faux
a & b	a ET b	vrai si a et b sont vrais
a && b	a ET b	vrai si a et b sont vrais
a | b	a OU b	vrai si a ou b est vrai
a || b	a OU b	vrai si a ou b est vrai
a ^ b	a OU -exclusif b	vrai si a est vrai et b est faux ou a est faux et b est vrai. Equivalent à a != b

Les opérateurs doubles, comme `||` et `&&` donnent le même résultat que les opérateurs `|` et `&`, sauf qu'ils arrêtent d'évaluer l'expression à partir du moment où le résultat final est connu. Par exemple, lorsque l'on évalue `true || expr`, `expr` ne sera pas évaluée, car de toute façon, quel qu'en soit le résultat, l'expression sera vraie. De même si l'on évalue `false && expr`, car l'expression sera fausse. Pour l'instant, considérons qu'ils sont équivalents et utilisons les opérateurs doubles.

Naturellement, l'évaluation se fait de gauche à droite. Comme dans le cas des opérations arithmétiques, il existe un ordre de priorité pour les opérateurs logiques. L'ordre est le suivant, du plus prioritaire au moins prioritaire :

```
& ^ | && ||
```

Vous pouvez bien entendu utiliser des parenthèses si vous désirez forcer l'ordre d'évaluation.

Voyons comment simplifier le programme qui commente la température:

```
class comparaison4 {
  public static void main(String args[]) {
    int mois   = 3;    // mois de mars
    int saison;        // saisons de 1 a 4
    int temp   = 23;   // en degres celsius
    System.out.print("On est ");
    if (mois <= 3) {
      saison = 1;
      System.out.println("en hiver")
    } else if (mois <= 6) {
      saison = 2;
      System.out.println("au printemps");
    } else if (mois <= 9) {
      saison = 3;
      System.out.println("en été");
    } else {
      saison = 4;
      System.out.println("en automne");
    }
    if (saison == 1 && temp > 20)
      System.out.println("il fait chaud");
    else if (saison == 3 && temp < 10)
      System.out.println("il fait froid");
    else if (saison == 2 || saison == 4) {
      if (temp > 25)
        System.out.println("il fait chaud");
      else if (temp < 5)
        System.out.println("il fait froid");
  }
 }
}
```

Notons au passage que le comportement de ce programme n'est pas strictement équivalent au programme précédent, `comparaison3`.

Attention

Il faut faire attention aux blocs et aux accolades. Il est très important d'utiliser des accolades lorsque l'on veut exécuter plus d'une instruction dans un cas de figure. Les accolades permettent également de faciliter la lecture, il est donc conseillé de les utiliser même si l'on n'a qu'une instruction à exécuter. Cela permet aussi d'éviter les doutes dans le cas où l'on écrit:

```
if (cond1)
  if (cond2)
    instrA;
  else
    instrB;
```

Dans ce cas précis, `instrB` ne sera exécuté que si `cond1` est vraie ET `cond2` est fausse. La branche `else` est toujours attachée au dernier `if` rencontré.

Encore une fois, ne cherchez pas à économiser des accolades, car il est plus facile de lire ceci:

```
if (cond1) {
  if (cond2)
    instrA;
  else
    instrB;
}
```

Il faut encore signaler l'existence des opérateurs `&=` et `|=` qui sont des raccourcis tout comme le sont `+=`, `^=` ou `-=` :

- `a &= b` est équivalent à `a = a & b`
- `a ^= b` est équivalent à `a = a ^ b`
- `a |= b` est équivalent à `a = a | b`

4.5.3 L'opérateur conditionnel - ?

Il existe également un opérateur spécial, qui permet de faire des tests sans l'aide de l'instruction `if`. Il s'agit de l'opérateur ?.

```
cond ? siVrai : siFaux
```

Le résultat de cette opération dépend de l'expression booléenne `cond`. Si `cond` est vrai (`true`), alors le résultat de cette expression sera `siVrai`, sinon, ce sera `siFaux`. Ainsi, par exemple:

```
int a = 1, b = 5;
int min = a < b ? a : b;
int max = a < b ? b : a;
```

Ce code est équivalent à

```
int a = 1, b = 5;
int min, max;
if (a < b)
  min = a;
else
  min = b;
if (a < b)
  max = b;
else
  max = a;
```

4.5.4 Exécution conditionnelle - switch

Lorsque l'on désire comparer une variable à plusieurs valeurs discrètes, on peut utiliser `switch`, au lieu d'une série de `if` imbriqués. Lors de la comparaison, si aucune valeur énumérée ne correspond à la valeur fournie, on exécute la branche `default`. Celle-ci est toutefois facultative. La syntaxe de la structure `switch` est la suivante:

```
switch (variable) {
  case cas1 :
    instr11;
    instr12;
    break;
  case cas2;
    instr21;
    instr22;
  case cas3;
    instr31;
    instr32;
    break;
  default:
    instrDefault;
}
suite;
```

Nous allons imaginer que `variable` vaut `cas1`. Commençons par le début. On compare variable à `cas1`. Ils sont égaux, donc on exécute `instr11` et `instr12`. Ensuite, nous rencontrons `break`. Cette commande casse le flot normal et "saute" directement à l'instruction suivant la structure `switch`. En l'occurrence, il s'agit de `suite`. Admettons maintenant que `variable` vaut `cas2`. Les instructions `instr21`, `instr22` seront exécutées. La différence avec le cas précédent est que l'on ne rencontre pas `break`. Le programme continuera donc normalement et `instr31` et `instr32` seront exécutées, avant de sortir du bloc `switch` pour exécuter `suite`. Si `variable` vaut maintenant `cas4`, qui n'est pas présent dans la liste, on empruntera la branche `default` qui exécutera `instrDefault` et `suite`.

On utilise souvent `switch` pour traiter une commande entrée au clavier (nous y reviendrons).

Dans le programme suivant, `choix` est une variable de type caractère (`char`) correspondant à la touche frappée par l'utilisateur:

```
switch (choix) {
  case 'a' :
    afficher();
    break;
  case 'i' :
    somme = 0;
    compteur = 0;
    break;
  case 'q' :
    quitter();
    break;
  case '$' :
    System.out.println("touche réservée");
  default :
    System.out.println("touche non valide !");
}
```

Les cas où l'utilisateur entre `a`, `i` ou `q` sont triviaux. Seul le cas où l'utilisateur entre un symbole dollar est particulier. En effet, on remarque que l'on n'a pas fait usage de l'instruction `break`, alors au cas où `$` est entré au clavier, on remerciera l'utilisateur par deux messages d'erreurs qui sont:

```
touche réservée
touche non valide !
```

Attention

On ne peut utiliser `switch` qu'avec des types primitifs d'une taille maximum de 32 bits (`byte`, `short`, `int`, `char`) et pas avec des objets complexes, tels que des chaînes de caractères (`String`) ou des nombres à virgule flottante (`float`), etc.

4.5.5 La boucle while

Lorsque l'on désire effectuer un bloc d'instructions tant qu'une condition est vraie, on utilise une boucle `while`. La syntaxe est très simple et se résume à:

```
while (condition)
  instruction;
```

Ici encore, on fera usage des accolades pour créer un bloc de plusieurs instructions. Le déroulement est le suivant: la première fois que l'on rencontre `while`, on évalue la condition. Si celle-ci est vraie, on exécute l'instruction suivante (ou le bloc si l'on a utilisé des accolades). Ensuite, on réévalue la condition. Si celle-ci est encore vraie, on exécute à nouveau le corps de la boucle. Et ainsi de suite, jusqu'au moment où l'on évalue la condition et que celle-ci est fausse. A ce moment-là, on saute directement après le corps de la boucle pour continuer avec la suite du programme.

```
class boucleWhile {
  public static void main(String args[]) {
    int borne = 3400;
    int diviseur = 133;

    System.out.println("cherchons le✂
      premier multiple de "+diviseur+"✂
      plus grand ou egal a " + borne);
    int fact = borne;
    while ((fact % diviseur) != 0) {
      fact++;
    }
    System.out.println("c'est "+fact);
  }
}
```

Lorsque l'on exécute ce programme, le message suivant s'affiche à l'écran:

```
cherchons le premier multiple de 133 plus
grand ou egal a 3400

c'est 3458
```

La condition est `(fact % diviseur) != 0`. Celle-ci est vraie lorsque le reste de la division (module, le symbole %) est égal à zéro, soit que la division n'a pas de reste. Si nous changeons la valeur de `borne` de `3400` à `3458`, on remarque que le multiple est le même. On n'entrera jamais dans le corps de la boucle car au premier passage déjà, la condition est fausse:

```
cherchons le premier multiple de 133 plus
grand ou egal a 3458

c'est 3458
```

Attention

Il ne faut pas mettre de ; après la condition, sinon le corps de la boucle ne sera exécuté qu'une fois. En effet, while exécute l'instruction ou le bloc qui suit tant que la condition est vraie, mais si l'on place un ; après la condition, cela signifie que vous ne voulez pas exécuter d'instruction. C'est une erreur classique qui ne génère pas de message à la compilation, mais qui provoque un comportement anormal de votre programme à l'utilisation, ce qui est généralement plus difficile à diagnostiquer. Exemple à ne pas suivre:

```
while (nombre < aAtteindre);
  nombre++;
```

Si `nombre` est plus petit que `aAtteindre`, votre programme bouclera sans arrêt et évaluera la condition jusqu'à ce que vous le stoppiez manuellement (`control-C` en général). En revanche, si nombre est plus grand ou égal à `aAtteindre`, il sera augmenté de `1`.

4.5.6 La boucle `do`

La boucle `do` est très proche de la boucle `while` :

```
do
  instr;
while (condition);
```

La différence avec `while` est que la condition est évaluée après l'exécution du corps de la boucle. Cela veut dire que l'on effectuera au moins un passage dans le corps de la boucle.

Reprenons l'exemple précédent en transformant la boucle `while` en `do` :

```
class boucleWhile {
  public static void main(String args[]) {
    int borne = 3458;
    int diviseur = 133;

    System.out.println("cherchons le✂
      premier multiple de "+diviseur+"✂
      plus grand que "+borne);

    int fact = borne;
    do
      fact++;
    while ((fact % diviseur) != 0);
    System.out.println("c'est "+fact);
  }
}
```

```
cherchons le premier multiple de 133 plus
grand que 3458

c'est 3591
```

C'est normal, car après le premier passage dans la boucle, `fact` vaut 3459 qui est juste trop grand pour être un multiple de 133. On remarquera au passage que nous avons changé le texte en "premier multiple plus grand que" !

4.5.7 La boucle for

La boucle de type `for` est plus complexe et est généralement utilisée pour compter, bien que sa structure permette d'en faire un usage quelconque. La structure d'une telle boucle est la suivante :

```
for (expression1;expression2;expression3)
  instruction;
```

Mais son usage en tant que boucle de comptage fait qu'on la décrit souvent comme :

```
for (init;condition;incrémentation)
  instruction;
```

Avant toute chose, on exécute la section représentée par *`initialisation`* dans l'extrait ci-dessus. On teste ensuite la condition, et si elle est vraie, on exécute le contenu de la boucle (*`instructions`* dans notre cas). Si le corps de la boucle est composé de plusieurs instructions, on utilisera les accolades `{` et `}` pour définir un bloc :

```
for (initialisation;condition;✂
                          incrémentation) {
  instruction1;
  instruction2;
  ...;
}
```

Après cela, on exécute la troisième composante, qui est souvent l'`incrémentation` d'une variable compteur. Cette boucle est quasiment équivalente à une construction de la forme:

```
initialisation;
while (condition) {
  instructions;
  incrémentation;
}
```

Commençons par un programme facile, qui affiche les nombres de 1 à 10:

```
class boucleFor {
  public static void main(String args[]) {
    for (int i = 1;i <= 10;i++)
      System.out.println(i);
  }
}
```

On a la possibilité de déclarer des variables dans la composante `initialisation`. Ces variables ne sont alors visibles que dans la boucle `for`.

Voyons comment calculer la factorielle d'un nombre. Rappelons que la factorielle de 5 vaut 1*2*3*4*5, donc 120:

```
class factorielle {
  public static void main(String args[]) {
    int resultat = 1;
    int factorielleDe = 5;
    for (int i = 2;i <= ✂
                    factorielleDe;i++) {
      resultat *= i;
      System.out.println("la ✂
              factorielle de "+i+" vaut✂
              "+resultat);
    }
  }
}
```

L'exécution de ce programme nous donne:

```
la factorielle de 2 vaut 2
la factorielle de 3 vaut 6
la factorielle de 4 vaut 24
la factorielle de 5 vaut 120
```

Cela nous permet également de rappeler la fonction de l'opérateur `*=` qui permet de remplacer `a = a * b` par `a *= b`. Nous commençons à compter à 2, car il n'est pas nécessaire de multiplier `resultat` par 1. Ce n'est pas un grosse économie de temps de calcul, mais plutôt une question de style !

La boucle `for` est aussi très utile pour parcourir un tableau. Le programme suivant calcule la moyenne d'un tableau de 9 éléments:

```
class moyenne {
  public static void main(String args[]) {
    int tab[] = new int[9];
    tab[0] = 14; tab[1] = 25; tab[2] = 22;
    tab[3] = 12; tab[4] = 91; tab[5] = 80;
    tab[6] = 63; tab[7] = 37; tab[8] = 71;
    int somme;
    for (int i = 0;i < tab.length;i++)
      somme += tab[i];
    System.out.println("la moyenne est✂
  " + ((float)somme)/((float)tab.length));
  }
}
```

On peut faire deux remarques concernant ce programme. La première est qu'il faut faire très attention à ne pas déborder du tableau. On doit parcourir les éléments de 0 à 8. C'est-à-dire de `0` à `tab.length-1`. Plutôt que de faire la soustraction et de poser comme condition `i ⇦ tab.length-1`, on pose la condition `i < tab.length`.

La deuxième remarque est qu'il est nécessaire de convertir les variables `somme` et `tab.length` en type `float` avant d'effectuer la division, sinon une division entière aura lieu, avec une grosse perte de précision à la clé.

On a également la possibilité d'exécuter plusieurs instructions dans la partie initialisation et dans la partie incrémentation, en les séparant par des virgules. Attention toutefois à ne pas utiliser la virgule dans la condition, car cela n'est pas autorisé par le compilateur. Exemple:

```
for (int i = 0,int j = 10;i < j;i++,i--) {
  System.out.println("i="+i+" j="+j);
}
```

On peut parfois lire dans certains recueils de codes sources les lignes suivantes:

```
for (;;) {
  instructions;
}
```

Cela correspond à une boucle telle que celle-ci:

```
while (true) {
  instructions;
}
```

En général, on utilise l'une ou l'autre construction dans un même programme, mais il faut être en mesure de comprendre les deux.

4.5.8 L'instruction `break`

Nous avons déjà étudié l'instruction `break` dans le cadre de la structure `switch - case`, mais on peut également l'utiliser dans toutes les autres instructions de contrôle du flot. Elle sert à rompre le flot d'instructions et à sortir du bloc courant, sans exécuter les instructions suivant le `break`.

Par exemple, on doit rechercher la première occurrence d'une valeur dans un tableau. On utilisera la boucle `for` pour parcourir le tableau:

```
int indice;
boolean trouve = false;
for (indice = 0;indice <
tab.length;indice++) {
  if (tab[i] == recherche) {
    trouve = true;
    break;
  }
}
if (trouve)
  System.out.println("la valeur ✂
      recherchee est à l'indice " +✂
      indice);
else
  System.out.println("valeur absente✂
      du tableau");
```

De cette manière, on évite des conditions complexes pour l'exécution de la boucle et on limite le risque d'erreur.
Nous allons maintenant rechercher une valeur dans un tableau à deux dimensions. Il peut paraître logique d'écrire:

```
int x,y;
boolean trouve = false;
for (x = 0;x < tab.length;x++) {
  for (y = 0;y < tab[0].length;y++) {
    if (tab[x][y] == recherche) {
      trouve = true;
      break;
    }
  }
}
if (trouve)
  ...;
```

Mais ce programme ne fonctionne pas comme prévu, car l'instruction `break` quitte le bloc en cours d'exécution. Or le bloc dans lequel elle se trouve est le bloc attaché au deuxième `for`. Cela veut dire que `break` va seulement mettre fin au parcours de la ligne en cours, mais pas de tout le tableau, ce que nous désirons. Et non, il ne suffit pas de mettre deux fois l'instruction break à la suite, puisqu'une fois la première instruction rencontrée, on sort du bloc et on n'exécutera pas le second `break`. Il existe une solution à ce problème: on peut nommer les boucles imbriquées et indiquer le nom de la boucle que l'instruction break doit quitter.

L'exemple suivant démontre son utilisation:

```
int x,y;
boolean trouve = false;
ext: for (x = 0;x < tab.length;x++) {
  for (y = 0;y < tab[0].length;y++) {
    if (tab[x][y] == recherche) {
      trouve = true;
      break ext;
    }
  }
}
if (trouve)
  ...;
```

Attention toutefois à ne pas utiliser à tort `break` comme dans le code ci-dessous:

```
while (true) {
  ...
  if (condition)
    break;
}
```

Car il est plus "propre" d'écrire:

```
do {
  ...
} while (not condition);
```

4.5.9 L'instruction continue

Nous avons vu que break sort de la boucle en cours sans aucune condition. continue permet de sauter les instructions restantes de la boucle pour réévaluer immédiatement la condition. Voici un un petit exemple:

```
for (i = 0;i < tab.length;i++) {
  traitement1;
  if (tab[i] != valeurDesiree)
    continue;
  traitement2;
}
```

Dans ce programme, si l'élément i du tableau tab ne correspond pas à la valeur désirée, on abandonne cet élément, et on n'exécute pas traitement2. Par contre, on continue avec l'élément i+1. Si nous remplacions continue par break, la boucle s'exécuterait tant que les éléments sont égaux à valeurDesiree, et s'arrêterait ensuite, tandis qu'avec continue, tout le tableau sera parcouru.

On peut également utiliser continue avec des blocs nommés, tout comme break.

Le code suivant est un peu plus complexe et combine les instructions break et continue. Il sert à faire la moyenne des 3 premiers nombres d'un tableau qui sont plus grands que 25. Chaque fois que l'on rencontre un élément du tableau qui ne correspond pas à la condition "Supérieur à 25", on incrémente un compteur. Voici le code source:

```
class breakContinue {
  public static void main(String args[]) {
    int tab[] = new int[9];
    tab[0] = 14; tab[1] = 25; tab[2] = 22;
    tab[3] = 12; tab[4] = 91; tab[5] = 80;
    tab[6] = 63; tab[7] = 37; tab[8] = 71;
    int somme;
    int neCorrespondPas;
    int trouves;
    for (int i = 0;i < tab.length;i++) {
      if (tab[i] > 25) {
        somme += tab[i];
        trouves++;
        if (trouves == 3)
          break
        else
          continue;
      }
      neCorrespondPas++;
    }
    System.out.println(neCorrespondPas✂
      + " éléments ne répondaient pas à✂
      la condition Supérieur à 25");
    if (trouves == 3)
      System.out.println("la moyenne✂
       des 3 premiers éléments plus✂
       grand que 25 est de " +✂
       ((float)somme) / ((float)trouves));
    else
      System.out.println("nous n'avons✂
       pas trouve 3 éléments plus grand✂
       que 25 dans le tableau");
  }
}
```

Il est bien clair que l'on aurait pu écrire ce programme de manière à éviter l'utilisation de `continue` ou de `break`.

5. La Programmation Orientée Objets

5.1 Introduction

Dans le chapitre précédent, nous avons vu comment effectuer les opérations de base de Java, ainsi que les instructions de contrôle du flot telles que les boucles. Mais ces constructions ne suffisent pas pour écrire un programme de taille importante ou qui a une fonction un peu plus évoluée que l'affichage des nombres de 1 à 10.

Les objets et les concepts qui leur sont rattachés sont nécessaires pour tout ouvrage complexe.

Tout au long de ce chapitre, nous allons étudier l'utilisation et le potentiel des objets et des méthodes.

Le principe de base de la programmation orientée objets est l'encapsulation. On ne divise pas un programme en données et en code, comme cela se faisait auparavant, dans des langages tels que C ou Pascal.

Avec la programmation orientée objets, on ne parle plus qu'en termes d'objet, chaque objet offrant des méthodes. Chacune de ces méthodes est libre d'utiliser ou non des données propres à l'objet. L'utilisateur de chaque objet n'a pas à connaître les détails de l'implémentation d'un objet. On dit que le code et les données sont encapsulés dans un même objet.

5.2 Etude d'une classe simple

Partons d'un problème classique: nous devons écrire un programme qui travaille sur des données complexes, c'est-à-dire des données qui ne se réduisent pas à de simples nombres entiers ou flottants. Admettons que ces données soient les caractéristiques d'un crayon, qui est défini par sa longueur (nombre entier) et son diamètre (nombre flottant). Il est possible de travailler simplement avec des variables, comme nous l'avons vu jusqu'à présent. En voici une réalisation possible:

```
class volumeCrayon {
  public static void main(String args[]) {
    int longCrayon = 50;
    float diamCrayon = 10f;
    System.out.println("longueur =✂
       "+longCrayon);
    System.out.println("diametre =✂
       "+diamCrayon);
    float r = diamCrayon / 2;
    float volumeCrayon = 3.14f * r *✂
       r * longCrayon;
    System.out.println("volume =✂
       "+volumeCrayon);
  }
}
```

Ce programme fonctionne parfaitement. Mais si vous avez besoin de calculer ce volume plusieurs fois dans un programme, vous devrez recopier ce code, ce qui n'est pas efficace car cela augmente d'autant la taille du programme:

```
class volumeCrayon {
  public static void main(String args[]) {
    int longCrayon1 = 50;
    float diamCrayon1 = 10f;
    System.out.println("longueur =✂
      "+longCrayon1);
    System.out.println("diametre =✂
      "+diamCrayon1);
    float r1 = diamCrayon1 / 2;
    float volumeCrayon1 = 3.14f * r1 *✂
      r1 * longCrayon1;
    System.out.println("volume =✂
      "+volumeCrayon1);

    int longCrayon2 = 10;
    float diamCrayon2 = 5f;
    System.out.println("longueur =✂
      "+longCrayon2);
    System.out.println("diametre =✂
      "+diamCrayon2);
    float r2 = diamCrayon2 / 2;
    float volumeCrayon2 = 3.14f * r *✂
      r * longCrayon2;
    System.out.println("volume =✂
      "+volumeCrayon2);
  }
}
```

L'idéal serait d'avoir une entité capable de contenir toutes les données et instructions nécessaires à la gestion d'un crayon, qui respecte donc le principe de l'encapsulation, comme cet exemple:

```
class volumeCrayonObjet {
  public static void main(String args[]) {
    Crayon leCrayon;
    leCrayon = new Crayon(50,10f);
    leCrayon.affiche();
    System.out.println("volume =✂
      "+leCrayon.volume());
  }
}
```

Ce programme est plus lisible, plus court et plus efficace. La première ligne déclare une nouvelle variable ou objet `leCrayon` de la classe `Crayon`. Ensuite, à la ligne suivante, on crée un objet dont la longueur et le diamètre sont respectivement de `50` et de `10`. On dit également que l'on instancie la classe `Crayon`. La troisième ligne affiche les caractéristiques du crayon, et la dernière affiche son volume, en appelant respectivement les méthodes `affiche()` et `volume()`. C'est l'objet `leCrayon` qui s'occupe de calculer le `volume()` lorsque l'on en a besoin.

On peut très facilement créer plusieurs objets, sans avoir à recopier le code de calcul du volume, puisque celui-ci est pris en charge par l'objet lui-même:

```
class volumeCrayonObjet {

  public static void main(String args[]) {
    Crayon petitCrayon =✂
      new Crayon(20,5f);
    Crayon grandCrayon =✂
      new Crayon(50,10f);
    petitCrayon.affiche();
    grandCrayon.affiche();
    System.out.println("petit =✂
      "+petitCrayon.volume());
    System.out.println("grand =✂
      "+grandCrayon.volume());
  }
}
```

Bien évidemment, ce programme n'est pas autosuffisant, cela veut dire que l'on ne peut pas le compiler si l'on ne dispose pas du code pour la classe `Crayon`. En effet, comment le compilateur peut-il savoir ce qu'il doit faire lorsqu'il rencontre `petitCrayon.affiche()` ?

Voici la classe `Crayon` :

```
class Crayon {
  int longueur;
  float diametre;

  Crayon(int long,float diam) {
    longueur = long;
    diametre = diam;
  }
  void affiche() {
    System.out.println("longueur =✂
       "+longueur);
    System.out.println("diametre =✂
       "+diametre);
  }
  float volume() {
    float r = diametre / 2;
    return 3.14 * r * r * longueur;
  }
}
```

Etudions ce programme depuis le début. En tout premier, nous attribuons un nom à la classe. Nous définissons ensuite que les instances de la classe `Crayon` contiendront deux variables, `longueur` et `diametre`. Il faut peut-être faire un bref rappel de la différence entre une classe et une instance, que l'on désigne également par le nom d'objet: une classe est la description d'un objet, une sorte de "moule". C'est elle qui définit les données que contiennent les instances, ainsi que les méthodes nécessaires à leur traitement. L'instance contient les données proprement dites, selon le "moule" défini par la classe. `petit-Crayon` et `grandCrayon` sont des objets de la classe

`Crayon`. On dit aussi que `petitCrayon` et `grand-Crayon` sont des instances de `Crayon`.

5.3 Les méthodes d'instance

Une méthode est une portion de programme qui n'est exécutée que lorsqu'on l'appelle. Une méthode travaille généralement sur des données propres à l'objet auquel elle appartient. La classe `Crayon` regroupe 2 méthodes: `affiche()` et `volume()`. Nous reviendrons plus tard sur le cas de `Crayon(int long,float diam)`. Lorsque l'on appelle la méthode `affiche()` d'un objet `Crayon`, celle-ci affiche les caractéristiques du crayon grâce aux instructions:

```
System.out.println("longueur =✂
        "+longueur);
System.out.println("diametre =✂
        "+diametre);
```

L'appel se fait de la manière suivante:

```
nomObjet.affiche();
```

... ou de manière plus générale:

```
objet.methode(parametre1,parametre2,...);
```

La déclaration d'une méthode répond à la syntaxe suivante:

```
type nom(parametre1,parametre2,...) {
  code;
}
```

Analysons la méthode `volume()` pour commencer:

```
float volume() {
  float r = diametre / 2;
  return 3.14 * r * r * longueur;
}
```

Cette méthode est de type `float`. Cela veut dire que l'on peut utiliser cette méthode dans une opération arithmétique par exemple:

```
float rapport = grandCrayon.volume() /✂
        petitCrayon.volume();
```

L'instruction `return` présente dans une méthode indique la valeur que prendra cette méthode et interrompt du même coup l'exécution de celle-ci. Toutes les instructions qui se trouvent après `return` ne seront jamais exécutées.

Si nous regardons maintenant la méthode `affiche()`, on remarque qu'elle est de type `void`, un type que l'on n'a pas décrit dans le chapitre concernant les variables. C'est en fait synonyme de "ne retourne pas de valeur". En effet, `affiche()` n'effectue pas de calcul et nous ne sommes pas intéressés par un résultat quelconque. Il n'est donc pas nécessaire d'utiliser `return` dans les méthodes qui sont de type `void`., même s'il est possible d'inclure l'instruction return; pour quitter la méthode.

Nous avons vu qu'une méthode peut prendre des paramètres, cela veut dire que la méthode ne travaillera pas uniquement sur des données internes à l'objet. Pour illustrer ceci, nous allons ajouter deux méthodes à la classe `Crayon` :

```
class Crayon {
  int longueur;
  float diametre;

  Crayon(int long,float diam) {
    longueur = long;
    diametre = diam;
  }
  void affiche() {
    System.out.println("longueur =✂
      "+longueur);
    System.out.println("diametre =✂
      "+diametre);
  }
  float volume() {
```

```
    float r = diametre / 2;
    return 3.14 * r * r * longueur;
  }
  void plusLong(int enPlus) {
    longueur += enPlus;
  }
  void plusGros(float enPlus) {
    diametre += enPlus;
  }
}
```

Ces deux méthodes `plusLong(int enPlus)` et `plusGros(float enPlus)` prennent des paramètres. Etudions `plusLong`. Cette méthode prend un paramètre entier, de type `int`. Le nom de ce paramètre est `enPlus`. On peut comparer la déclaration d'un paramètre avec la déclaration d'une variable. En effet, le paramètre est utilisable et visible uniquement dans la méthode où il a été déclaré, tout comme une variable.

L'utilisation d'une telle méthode est très simple:

```
grosGrayon.plusLong(5);
```

... va allonger le crayon `grosCrayon` de 5.

Voyons tout cela dans un programme complet:

```
class volumeCrayonObjet2 {
  public static void main(String args[]) {
    Crayon petitCrayon =✂
       new Crayon(20,5f);
    Crayon grandCrayon =✂
       new Crayon(50,10f);
    petitCrayon.affiche();
    grandCrayon.affiche();
    System.out.println("petit =✂
       "+petitCrayon.volume());
    System.out.println("grand =✂
       "+grandCrayon.volume());
    System.out.println("on aggrandit le✂
       grand crayon");
    grandCrayon.plusLong(20);
    grandCrayon.plusGros(3.5);
    System.out.println("et maintenant, ✂
       le volume du grand =✂
       "+grandCrayon.volume());
  }
}
```

Une méthode peut aussi prendre plusieurs paramètres:

```
void plusGrand(int long,float diam) {
  longueur += long;
  diametre += diam;
}
```

Il est bien clair que tous les paramètres doivent porter un nom différent.

Les méthodes d'un objet peuvent aussi appeler d'autres méthodes. On aurait pu écrire la méthode `plusGrand(int long,float diam)` ci-dessus de la manière suivante:

```
void plusGrand(int long,float diam) {
  plusLong(long);
  plusGros(diam);
}
```

Lorsque l'on appelle une méthode sans faire précéder son nom par un nom d'objet, c'est la méthode du même objet qui est invoquée.
Ainsi, lorsque l'on fait appel à `petitCrayon.plusGrand(...)`, cette méthode exécute à son tour `petitCrayon.plusLong(...)` ainsi aussi que `petitCrayon.plusGros(...)`.

Les paramètres peuvent aussi être des objets.

Les méthodes `estPlusLongQue(Crayon)`, `estPlusFinQue(Crayon)` et `estPlusVolumineuxQue(Crayon)` sont autant de bons exemples:

```
boolean estPlusLongQue(Crayon autre) {
  if (longueur > autre.longueur)
    return true;
  else
    return false;
}
boolean estPlusFinQue(Crayon autre) {
  return diametre < autre.diametre;
}
boolean estPlusVolumineuxQue(Crayon ✂
      autre) {
  return volume() > autre.volume();
}
```

La première méthode utilise l'instruction `if` pour tester la condition. Mais si l'on réfléchit bien, on se rend compte que si cette condition est vraie (`true`), on retourne `true`, et que si elle est fausse (`false`), on retourne `false`.

On aurait donc pu (et dû pour des raisons d'efficacité) écrire `estPlusLongQue(...)` de la même manière que `estPlusFinQue(...)`.

5.4 La surcharge de méthodes

La surcharge permet au programmeur de déclarer plusieurs méthodes portant le même nom, mais prenant des paramètres différents. Au moment de la génération de code, le compilateur identifie tous les appels à ces méthodes. Il les compare avec les déclarations des méthodes, et choisit la méthode à appeler en fonction de ses paramètres. L'exemple suivant démontre comment créer 3 méthodes appelées `somme` mais qui prennent toutes des paramètres différents.

```
...
// premiere methode
int somme(int a,int b) {
    return (a+b);
}

// deuxieme methode
int somme(int a,int b,int c) {
    return (a+b+c);
}

// troisieme methode
float somme(float a,float b) {
    return (a+b);
}
...
```

Voyons à présent comment utiliser ces méthodes:

```
...
int entA = 1, entB = 2, entC = 9;
float fA = 1.3, fB = 2.6;

int entSomme = somme(entA,entB,entC);
float fSomme = somme(fA,fB);
...
```

Dans le premier cas, `somme(entA,entB,entC)`, la deuxième méthode `somme` sera choisie, car elle prend 3 paramètres entiers. Lorsque l'on fait appel à `somme(fA,fB)`, c'est la troisième méthode qui est choisie, car le compilateur identifie 2 paramètres de type `float`.

Nous remarquerons que la surcharge est utilisée fréquemment dans les API Java. Ainsi, la méthode `println` qui fait partie de la classe `PrintStream` accepte plusieurs types de paramètres différents, dont en particulier les entiers et les chaînes de caractères. Nous pouvons donc écrire `println(2)` ou `println("2")` qui affichent `2`. Remarquons que `println("1+1")` affiche `1+1`, alors que `println(1+1)` affiche `2`.

Attention, le compilateur ne se fie qu'aux paramètres des méthodes surchargées lorsqu'il doit choisir laquelle invoquer. Il n'est donc pas possible d'avoir deux méthodes `somme` dont tous les paramètres sont identiques, et dont seul le type retourné diffère. Le compilateur ne saurait pas quelle méthode employer. L'exemple ci-dessous n'est donc pas correct:

```
int somme(float a,float b) {
    return ((int)(a+b));
}
float somme(float a,float b) {
    return (a+b);
}
```

5.5 Accès aux variables d'instance

Les variables d'instance, c'est-à-dire les variables propres à un objet, peuvent être lues ou modifiées en utilisant la notation `nomObjet.nomVariable`. Exemples:

```
int longueurDuPetitCrayon =
petitCrayon.longueur;
grandCrayon.diametre += 1.5;
```

Cette pratique n'est toutefois pas recommandée, car le principe d'encapsulation ne serait plus respecté. Il est d'usage de ne pas accéder aux variables des objets de manière directe, en utilisant la notation pointée (`objet.variable`), mais d'utiliser uniquement les méthodes offertes par la classe. On pourrait imaginer que pour éviter de calculer le volume d'un `Crayon` à chaque appel à `volume()`, on le calcule une seule et unique fois lors de l'initialisation:

```
class Crayon {
  int longueur;
  float diametre;
  float volume;

  Crayon(int long,float diam) {
    longueur = long;
    diametre = diam;
```

```
    float r = diametre / 2;
    volume = 3.14 * r * r * longueur;
  }
  void affiche() {
    System.out.println("longueur =✂
       "+longueur);
    System.out.println("diametre =✂
       "+diametre);
  }
  float volume() {
    return volume;
  }
}
class accesDonnees {
  public static void main(String args[]) {
    Crayon c = new Crayon(20,5f);
    c.affiche();
    System.out.println("volume =✂
       "+c.volume());
    c.longueur = 50;
    c.affiche();
    System.out.println("volume =✂
       "+c.volume());
  }
}
```

Le programme `accesDonnees` modifie la longueur de `c`, mais lorsque l'on appelle `c.volume()`, c'est une valeur précalculée qui est retournée. Le changement de longueur n'est donc pas pris en compte dans le volume, ce qui est faux. Si l'on comprend cet exemple, on comprend pourquoi il faut absolument éviter d'utiliser la notation pointée pour accéder aux variables.

Nous verrons plus tard que Java offre au programmeur un moyen de protéger les variables internes à un objet afin d'éviter toute modification intempestive, pouvant provoquer un comportement inattendu.

Dans les chapitres suivants, dans un but de simplification, nous continuerons à utiliser la notation pointée, même si c'est une technique que l'on peut qualifier de dangereuse.

5.6 Les constructeurs

Un constructeur est une méthode particulière qui n'est exécutée qu'une fois lors de l'instanciation d'un objet. Les constructeurs servent à initialiser les variables contenues dans les objets et portent le même nom que la classe. Notons que l'on peut également faire usage de la surcharge pour créer plusieurs constructeurs. Tous les constructeurs de la classe `Crayon` se nomment `Crayon`.

Reprenons l'exemple des crayons:

```
class volumeCrayonObjet {
  public static void main(String args[]) {
    Crayon petitCrayon =✂
       new Crayon(20,5f);
    Crayon grandCrayon =✂
       new Crayon(50,10f);
    petitCrayon.affiche();
```

```
    grandCrayon.affiche();
    System.out.println("volume du✂
        petit = "+petitCrayon.volume());
System.out.println("volume du ✂
        grand = "+grandCrayon.volume());
  }
}
```

On déclare deux objets, `petitCrayon` et `grand-Crayon`. Mais la déclaration seule ne permet pas de les utiliser. En effet, il faut encore les instancier, les créer. Cela se fait grâce aux constructeurs et avec l'aide du mot-clé `new`. Regardons `petitCrayon` on appelle son constructeur avec les paramètres `20` et `5f`. Après cela, l'objet est utilisable, on peut donc utiliser ses méthodes. Il n'est pas nécessaire d'instancier l'objet au moment de sa déclaration, tout comme pour l'initialisation d'une variable. Ainsi, il est tout à fait autorisé d'écrire:

```
Crayon crayonNormal,crayonFin;
crayonNormal = new Crayon(50,10f);
crayonNormal.plusLong(20);
crayonFin = new✂
       Crayon(crayon1.longueur,5f);
```

Le code du constructeur utilisé ci-dessus est le suivant:

```
Crayon(int long,float diam) {
  longueur = long;
  diametre = diam;
}
```

La syntaxe est très similaire à la déclaration d'une méthode. Seule différence, le constructeur n'est pas typé, pas même `void`. Cela a pour conséquence qu'il ne peut jamais y avoir de `return` dans le corps d'un constructeur. Souvent, lorsque l'on crée une classe, on offre plus d'un constructeur:

```
class Crayon {
  int longueur = 50;
  float diametre = 5f;

  Crayon() {
  }
  Crayon(float diam) {
    diametre = diam;
  }
  Crayon(int long,float diam) {
    longueur = long;
    diametre = diam;
  }
  void affiche() {
    System.out.println("longueur =✂
       "+longueur);
    System.out.println("diametre =✂
       "+diametre);
  }
  float volume() {
    float r = diametre / 2;
```

```
    return 3.14 * r * r * longueur;
  }
  void plusLong(int enPlus) {
    longueur += enPlus;
  }
  void plusGros(float enPlus) {
    diametre += enPlus;
  }
}
```

Cet exemple fait usage de la surcharge: on a le choix entre trois constructeurs différents. Lorsque l'on crée un objet, l'initialisation des variables intervient en tout premier lieu. `longueur` prend donc la valeur de `50` et on assigne `5f` à `diametre`. Ensuite, le constructeur est exécuté. Voici un exemple qui illustre les 3 cas de figure possibles pour cette classe `Crayon` :

```
class constructeursCrayon {
  public static void main(String args[]) {
    Crayon crayon1 = new Crayon();
    Crayon crayon2 = new Crayon(8.5);
    Crayon crayon3 = new Crayon(33,10.2);
    System.out.println("crayon 1:");
    crayon1.affiche();
    System.out.println("crayon 2:");
    crayon2.affiche();
    System.out.println("crayon 3:");
    crayon3.affiche();
  }
}
```

Lorsque l'on exécute ce programme, on obtient:

```
crayon 1:
longueur = 50
diametre = 5.0
crayon 2:
longueur = 50
diametre = 8.5
crayon 3:
longueur = 33
diametre = 10.2
```

Remarquons que l'on aurait pu créer un tableau de trois objets `Crayon` :

```
class constructeursCrayon {
  public static void main(String args[]) {
   Crayon crayons[] = new Crayon[3];
   crayons[1] = new Crayon();
   crayons[2] = new Crayon(8.5);
   crayons[3] = new Crayon(33,10.2);
   for (int i = 0;i < ✂
                 crayons.length;i++) {
      System.out.println("crayon "+i+":");
      crayons[i].affiche();
    }
  }
}
```

5.7 Les références et la comparaison d'objets

Voici un extrait de programme qui travaille sur des variables entières, pas sur des objets:

```
int ent1 = 10;
int ent2 = ent1;
ent1 = 5;
// ent1 vaut 5
// ent2 vaut 10
```

Lorsque l'on exécute `ent2 = ent1`, on copie la valeur de `ent1` dans `ent2`, soit 10. On remplace ensuite la valeur de `ent1` par 5. Cette dernière opération ne modifie en rien la valeur de `ent2`.

En revanche, lorsque l'on travaille sur des objets, le fonctionnement est différent. Nous avons dit que chaque variable (objet) peut contenir un objet. C'est une affirmation légèrement erronée. En effet, les objets que l'on déclare ne contiennent pas un objet mais une référence à un objet. Cela veut dire que lorsque l'on écrit `c2 = c1` dans le programme suivant, on copie la référence à l'objet contenu dans `c1`. En d'autres termes, `c1` et `c2` réfèrent au même objet. On dit aussi qu'ils pointent sur le même objet.

```
Crayon c1 = new Crayon(10,5f);
Crayon c2 = c1;
// c1.longueur vaut 10
// c2.longueur vaut 10
c1.longueur = 20;
// c1.longueur vaut 20
// c2.longueur vaut 20
```

Lorsque l'on désire comparer deux objets, il faut bien se souvenir qu'ils contiennent des références à deux objets distincts, même si ces objets ont les mêmes propriétés.
Voici la classe `Rectangle` et un petit programme de démonstration:

```
class Rectangle{
  int longueur;
  int largeur;

  Crayon(int longueur,int largeur) {
    this.longueur = longueur;
    this.largeur = largeur;
  }


class compObjets {
  public static void✂
                    main(Strings args[]) {
    Rectangle r1 = new Rectangle(10,15);
    Rectangle r2 = new Rectangle(10,15);
    if (r1 == r2)
      System.println("r1 et r2 égaux");
    else
      System.println("r1✂
                    et r2 différents");
    if (r1 == r1)
      System.println("r1✂
                    et r1 égaux");
    else
      System.println("r1✂
                    et r1 différents");
  }
}
```

Lorsque l'on exécute le programme `compObjets`, on peut lire avec étonnement que "`r1 et r2 sont différents`". En fait, il faut comprendre que l'opérateur `==` compare les références. `r1` et `r2` sont deux objets distincts, quand bien même ils ont des propriétés identiques, la comparaison des références donne `false`. Si l'on veut comparer l'égalité des variables de ces deux instances, il faut munir la classe d'une méthode à cet effet:

```
class Rectangle{
  int longueur;
  int largeur;
  Crayon(int longueur,int largeur) {
    this.longueur = longueur;
    this.largeur = largeur;
  }
  boolean estEgalA(Crayon c) {
    return (c.longueur == longueur✂
             && c.largeur == largeur);
  }
}
class compObjets {
 public static void main(Strings args[]) {
    Rectangle r1 = new Rectangle(10,15);
    Rectangle r2 = new Rectangle(10,15);
    if (r1.estEgalA(r2))
      System.println("r1 et r2✂
       sont égaux");
    else
      System.println("r1 et r2✂
       sont différents");
  }
}
```

Et maintenant "`r1 et r2 sont égaux`".

5.8 L'objet this

L'objet `this` est utilisable en tout temps. Il est égal à l'instance de l'objet dans lequel il est utilisé. C'est une phrase un peu indigeste sans exemple. Voici donc les classes `Ligne` et `Traceur`, ainsi que le programme `exempleThis` qui vont nous servir à illustrer ce concept:

```
class Ligne {
  int longueur;
  Ligne(int long) {
    longueur = long;
  }
}
class Traceur {
  Traceur() {
  }
  void trace(Ligne l) {
    for (int i = 0;i < l.longueur;i++)
      System.out.print("-");
    System.out.println();
  }
}
class exempleThis {
  public static void main(String args[]) {
    Ligne ligne1 = new Ligne(20);
    Ligne ligne2 = new Ligne(45);
    Traceur traceur = new Traceur();
    traceur.trace(ligne1);
    traceur.trace(ligne2);
  }
}
```

Le programme ci-dessus est tout à fait fonctionnel, mais ce que nous voulons, c'est une classe `Ligne` qui nous offre une méthode `trace()`. Nous allons donc modifier la classe `Ligne` et `exempleThis` de la manière suivante:

```
class Ligne {
  int longueur;
  Ligne(int long) {
    longueur = long;
  }
  void trace() {
    Traceur t = new Traceur();
    t.trace(this);
  }
}
class exempleThis {
  public static void main(String args[]) {
    Ligne ligne1 = new Ligne(20);
    Ligne ligne2 = new Ligne(45);
    ligne1.trace();
    ligne2.trace();
  }
}
```

Nous voyons que chaque ligne est maintenant en mesure de "se tracer elle-même". Dans la méthode `Ligne.trace()`, on peut remarquer que l'appel à `Traceur.trace(Ligne)` passe comme paramètre `this`. Comme nous l'avons dit, this correspond à l'instance de l'objet dans lequel il est utilisé. On peut dire que l'exécution de `ligne1.trace()` provoque l'appel de `t.trace(ligne1)`.

Un autre exemple d'utilisation de `this` :

```
class Comparable {
  Comparable() {
  }
  boolean compare(Comparable c) {
    return this == c;
  }
}
class utiliseComparable {
  public static void main(String args[]) {
    Comparable a = new Comparable();
    Comparable b = new Comparable();
    System.out.println(a.compare(a));✂
      // vrai
    System.out.println(b.compare(b));✂
      // vrai
    System.out.println(a.compare(b));✂
      // faux
  }
}
```

Comme on l'a vu dans la section précédente, lorsque l'on compare deux objets, le résultat est vrai seulement si les deux arguments de la comparaison sont en fait le même objet. On peut voir que lorsque l'on compare `a` avec `a` ou `b` avec `b`, on obtient `true`, alors que lorsque l'on compare `a` à `b`, on obtient `false`.

`this` a également une deuxième utilité: il peut servir à référencer une variable d'instance qui a été occultée par la déclaration d'une variable de même nom dans un sous-bloc. Voyez l'exemple ci-dessous:

```
class Ligne {
  int longueur;

  Ligne(int longueur) {
    this.longueur = longueur;
  }
}
```

Comme la déclaration du paramètre `longueur` occulte la variable `longueur` déclarée au niveau de l'objet, on accède à la variable `longueur` de l'objet `this`, tout comme on pourrait faire référence à `ligne1.longueur`. Il est très fréquent de rencontrer des lignes du type `this.`*`variable`*` = `*`variable`*; dans les constructeurs.

5.9 L'héritage

L'avantage d'un langage orienté objets est que le code est réutilisable. Grâce à l'héritage, on peut étendre une classe sans avoir à la réécrire complètement, alors que l'utilisation d'un langage classique nous obligerait à modifier le code source.

Prenons un exemple concret: nous avons déjà travaillé et développé une classe `Voiture` qui stocke et affiche le numéro de carte grise, ainsi que le numéro d'immatriculation. Si on se rend compte par la suite que l'on a besoin de stocker la couleur en plus de ces deux paramètres, il suffit d'étendre la classe `Voiture` et de lui ajouter les variables et méthodes nécessaires au traitement de ce paramètre supplémentaire qu'est la couleur. On va donc créer une classe `VoitureCouleur` qui étend la classe `Voiture`. Cette classe va donc offrir au programmeur les méthodes de `Voiture`, ainsi que les méthodes de `VoitureCouleur`.

Il existe beaucoup de termes pour désigner cette relation que l'on établit entre deux classes liées de cette manière:

- `VoitureCouleur` hérite de la classe `Voiture`
- `VoitureCouleur` est dérivée de `Voiture`
- `VoitureCouleur` est une sous-classe de `Voiture`
- `Voiture` est une super-classe, surclasse ou classe parente de `VoitureCouleur`

On utilise le mot-clé `extends` pour indiquer qu'une classe hérite d'une autre. En l'absence de ce mot réservé, le compilateur considère la classe comme une sous-classe de la classe `Object`. Toutes les classes que l'on a créées au fil de ce livre ont donc pour parent `Object`. Il peut bien sûr y avoir des sous-sous-classes, et même plus. Une classe peut ainsi être surclasse et sous-classe à la fois.

Voyons l'exemple de la classe `Voiture`, puis de la classe `VoitureCouleur` qui l'étend:

```
class Voiture {
  int noCarteGrise;
  int immatriculation;
  Voiture(int noCarteGrise,✂
      int immatriculation) {
    this.noCarteGrise = noCarteGrise;
    this.immatriculation =✂
       immatriculation;
```

```
  }
  void afficheCarteGrise() {
    System.out.println("carte grise:✂
        "+noCarteGrise);
  }
  void afficheImmatriculation() {
   System.out.println("immatriculation:✂
        "+immatriculation);
  }
  void affiche() {
    afficheCarteGrise();
    afficheImmatriculation();
  }
}

class VoitureCouleur extends Voiture {
  String couleur;
  VoitureCouleur(int carteGrise,int✂
       immatr,String couleur) {
    super(carteGrise,immatr);
    this.couleur = couleur;
  }
  void afficheCouleur() {
    System.out.println("couleur:✂
       "+couleur);
  }
  void affiche() {
    super.affiche();
    afficheCouleur();
  }
}

class route {
  public static void main(Strings✂
       args[]) {
    Voiture buggy =✂
       new Voiture(1234,102313);
```

```
    VoitureCouleur buggyRouge = new✂
 VoitureCouleur(1234,102313,"rouge");

    System.out.println("La buggy");
    buggy.afficheCarteGrise();
    buggy.afficheImmatriculation();

    System.out.println("La buggy rouge");
    buggyRouge.afficheCarteGrise();
    buggyRouge.afficheImmatriculation();
    buggyRouge.afficheCouleur();

    System.out.println("Tout sur✂
      la buggy");
    buggy.affiche();
    System.out.println("Tout sur✂
      la buggy rouge");
    buggyRouge.affiche();
  }
}
```

Voici la hiérarchie des objets utilisés dans cette application:

```
java.lang.Object
parent de tous les objets
  |
  |-route
  | l'application
  |-Voiture
      |
      |-VoitureCouleur
```

Nous utilisons la classe `String` pour stocker le nom de la couleur. Nous reviendrons en détail sur les chaînes de caractères, ainsi que les autres objets standard de Java.

Dans ce programme, on voit que l'on fait appel à la méthode `buggyRouge.afficheCarteGrise()`, soit `VoitureCouleur.afficheCarteGrise()`, or si l'on regarde dans le code de la classe `VoitureCouleur`, on ne trouve pas la déclaration de `afficheCarte-Grise()`, comment cela se peut-il ?

C'est tout simplement grâce à l'héritage. Comme `VoitureCouleur` hérite de Voiture, toutes les méthodes de `Voiture` sont également utilisables par les instances de `VoitureCouleur`.

Maintenant, que se passe-t-il lorsque l'on appelle `VoitureCouleur.affiche()` ? Etant donné que cette méthode existe au niveau de `VoitureCouleur`, c'est elle qui sera exécutée.

Nous avons dit que lorsqu'une classe hérite d'une autre, elle hérite de ses méthodes. Nous allons voir quelles sont les méthodes de `Voiture` et de `VoitureCouleur` :

Les méthodes et constructeurs de `Voiture` :

```
Voiture(int  noCarteGrise,int
immatriculation);
void  afficheCarteGrise();
void  afficheImmatriculation();
```

void affiche();
Les méthodes et constructeurs de `VoitureCouleur` :

```
VoitureCouleur(int carteGrise,int
        immatr,String couleur);
void afficheCarteGrise();
void afficheImmatriculation();
void afficheCouleur();
void affiche();
```

Les méthodes `afficheCarteGrise()` et `afficheImmatriculation()`. qui sont en italique sont en fait directement héritées de `Voiture`. En revanche, les constructeurs ne sont pas hérités. En effet, si on pouvait utiliser le constructeur de `Voiture` pour créer une `VoitureCouleur`, certaines variables ne seraient pas initialisées (`couleur` dans ce cas).

Dans le code de `VoitureCouleur.affiche()`, vous aurez certainement remarqué un appel à `super.affiche()`. `super` correspond à la classe parente, donc `super.affiche()` appelle la méthode `affiche()` de la classe `Voiture`. De cette manière, on réutilise le code de la classe parente, ce qui offre deux avantages: le premier est un gain de place, car le code n'est pas dédoublé.

On économise donc de la mémoire et facilite du même coup les modifications. Le deuxième avantage est que pour étendre une classe, on n'a pas besoin du code source de la classe parente: il suffit de dire grâce à `super` "fais comme la classe parente" et d'ajouter le code supplémentaire. On peut donc étendre une librairie fournie par un vendeur de logiciel sans avoir à acheter le code source de cette librairie, ce qui est pratique courante lorsque l'on développe sur certains systèmes plus classiques.

`super` est également très utilisé dans les constructeurs, où il doit obligatoirement figurer avant toute autre instruction. Pour invoquer le constructeur du parent, il suffit de noter `super(`*`parametres`*`)`. Si on n'appelle pas explicitement un constructeur de la classe parente, c'est le constructeur `super()` qui est utilisé, ce qui peut poser problème si celui-ci n'est pas défini. Dans ce cas, on n'aura pas d'autre choix que d'appeler le constructeur `super(...)` avec les paramètres adéquats.

5.10 L'opérateur instanceof

Ajoutons la méthode suivante à la classe `Voiture`, en utilisant la méthode classique, pas en étendant la classe grâce à l'héritage :

```
boolean estPlusAncienneQue(Voiture v) {
  // en supposant que les numéros sont
  // attribués dans l'ordre
  return noCarteGrise < v.noCarteGrise;
}
```

Cette méthode prend un paramètre de la classe `Voiture`. Mais en fait, il est tout à fait possible de lui transmettre un paramètre de la classe `VoitureCouleur` ou de toute autre classe héritant de `Voiture`.

En fait, il est possible de déclarer une méthode qui prend un paramètre de type `Object` :

```
void objectInfo(Object o) {
  if (o instanceof Voiture)
    System.out.println("o est un objet✂
      de la classe Voiture");
  else if (o instanceof VoitureCouleur)
    System.out.println("o est un objet✂
      de la classe Voiture");
  else if (o instanceof Object)
    System.out.println("o est un objet✂
      de la classe Object");
  else
    System.out.println("pas possible,✂
      puisque tout objet hérite de✂
      la classe Object");
}
```

Cette méthode utilise l'opérateur `instanceof` pour déterminer la classe de l'objet qu'elle reçoit en paramètre. La syntaxe est la suivante :

```
objet instanceof classe
```

Cette expression retourne `true` ou `false` selon que l'`objet` est une instance ou non de `classe`. Mais il n'est pas possible d'effectuer cette opération même si l'on est certain que `o` est une instance de `Voiture` :

```
void objectInfo(Object o) {
  if (o instanceof Voiture)
    o.afficheImmatriculation();
}
```

En effet, `o` a beau être une instance de `Voiture`, dans la déclaration de la méthode, on voit que `o` a été déclaré comme un objet appartenant à la classe Object . Nous avons besoin pour cela d'utiliser une technique que l'on appelle en anglais *casting*, conversion en français. On utilise la conversion d'objets de la même manière que la conversion de variable étudiée précédemment :

```
void objectInfo(Object o) {
  if (o instanceof Voiture) {
    Voiture v = (Voiture)o;
    v.afficheImmatriculation();
  }
}
```

Ou plus directement:

```
((Voiture)o).afficheImmatriculation();
```

Cette opération est tout à fait similaire à la conversion de type pour les variables.

5.11 Les interfaces

Une interface est une sorte de standard auquel une classe peut choisir de répondre ou non. On dit aussi que c'est un modèle d'implémentation. Tous les objets qui se conforment à cette interface, qui implémentent une interface, possèdent les méthodes déclarées dans celle-ci.

On utilise souvent les interfaces dans les déclarations de paramètres. En effet, dans certains cas, peu importe la classe d'un objet donné. Prenons par exemple un programme de classement pour une bibliothèque. Nous ne nous intéressons pas à la nature des documents à classer, peut-être parce que nous n'en avons pas besoin pour les classer, ou peut-être parce qu'il y a trop de types de documents différents: livres, images, photocopies, etc. Pour classer ces documents qui seront tous représentés par un objet, nous avons besoin d'une seule chose: la garantie que tous ces objets puissent nous indiquer leur titre, leur auteur ainsi que d'autres informations essentielles. Nous allons donc créer une interface à laquelle devront se conformer tous les documents de notre bibliothèque:

```
interface Document {
  String titre();
  String auteur();
  String editeur();
  Date dateDeParution();
}
```

On peut interpréter cette interface comme: toute classe qui se conforme à l'interface `Document` possède au moins les méthodes `titre()`, `auteur()` et `editeur()` qui ne prennent pas de paramètres et qui retournent un objet de la classe `String`. Elle possède également la méthode `dateDeParution()` qui retourne un objet de la classe `java.util.Date` (voir chapitre 8.3.6). En revanche, rien n'est dit sur la fonction de ces méthodes. Bien évidemment, on peut deviner le rôle de chacune de ces méthodes, puisqu'elles portent toutes un nom significatif, mais aucune garantie n'est faite à ce sujet. L'interface ne fait que donner une liste de méthodes qui seront implémentées par une ou plusieurs classes, mais ces classes peuvent également posséder des méthodes qui ne font pas partie de l'interface.

Voici le code de la classe `Livre` qui implémente `Document` :

```
class Livre implements Document {
  String Titre;
  String Auteur;
  String Editeur;
  String lignes[] = new String[1000];
  // on prévoit 1000 lignes au maximum
  int nombreLignes = 0;
  int lignesParPage = 66;
  Date laDateDeParution;

  Livre(String titre, String auteur,✂
       String editeur) {
    this.Titre = titre;
    this.Auteur = auteur;
```

```
    this.Editeur = editeur;
    // crée un nouvel objet date qui✂
       contient la date d'aujourd'hui
    laDateDeParution = new Date();
  }
  String titre() {
    return Titre;
  }
  String auteur() {
    return Auteur;
  }
  String editeur() {
    return Editeur;
  }
  void afficheLigne(int no) {
    System.out.println(lignes[no]);
  }
  Date dateDeParution() {
    return laDateDeParution;
  }
  int nombreDePages() {
    return nombreLignes / lignesParPage;
  }
  void ajouteTexte(String texte) {
    lignes[nombreLignes++] = texte;
  }
}
```

Remarquons que les méthodes `afficheLigne(int no)`, `nombreDePages()` et `ajouteTexte(String texte)` ne font pas partie de l'interface. Dans cette classe `Livre`, nous utilisons un tableau pour stocker le texte du document, mais nous aurions pu procéder de manière tout autre, en utilisant par exemple un fichier pour contenir ces données, tout en restant conforme à l'interface `Document`.

Un autre exemple de classe qui implémente `Document` :

```
class Photo implements Document {
  Image laPhoto;
  Date laDateDeParution;
  boolean couleur;
  Photo(String titre,String auteur,✂
       String editeur,boolean couleur,✂
       Image laPhoto) {
    this.Titre = titre;
    this.Auteur = auteur;
    this.Editeur = editeur;
    this.couleur = couleur;
    this.laPhoto = laPhoto;
    laDateDeParution = new Date();
  }
  String titre() {
    return Titre;
  }
  String auteur() {
    return Auteur;
  }
  String editeur() {
    return Editeur;
  }
  Date dateDeParution() {
    return laDateDeParution;
  }
  Image image() {
    return laPhoto;
  }
  boolean estEnCouleur() {
    return couleur;
  }
}
```

La classe `java.awt.Image` sera décrite dans un chapitre ultérieur.

On peut maintenant imaginer une classe qui s'occupe de la gestion du catalogue:

```
public class Biblio {
  // la bibliothèque peut stocker 100
documents
  Document docs[] = new Document[100];
  int nombre;

  public void ajoute(Document d) {
    docs[nombre++] = d;
  }
  public Document rechercheParTitre(String
titre) {
    for (int i = 0; i < nombre; i++) {
      String titreDuDocument =
docs[i].titre();
      // vrai si les titres sont égaux
      if (titreDuDocument.equals(titre))
        return docs[i];
    }
    return null;
  }
}
```

Et le programme qui utilise toutes ces classes:

```
class gestionBiblio {
  public static void main✂
       (Strings args[]) {
    Livre JavaFacile = new Livre("Java✂
       Facile", "Alexandre Maret",✂
       "Marabout");
```

```
    Livre Autocad = new Livre("Autocad✂
      13", "JP Couwenbergh", "Marabout");
    Photo paysage = new Photo✂
      ("Genève - Paysage", "Toto",✂
      "Belles Images", true,
fichierImage("paysage.gif"));
    Biblio principale = new✂
      Biblio("Bibliothèque principale");

    JavaFacile.ajouteTexte("Bonjour");
    JavaFacile.ajouteTexte("Grâce à✂
      ce livre vous");
    JavaFacile.ajouteTexte("allez✂
      apprendre Java");

    principale.ajoute(JavaFacile);
    principale.ajoute(Autocad);
    principale.ajoute(paysage);

    Document retrouve =✂
 principale.rechercheParTitre("Java✂
      Facile");
    if (retrouve == null)
      System.out.println("impossible de✂
      trouver le document");
    else {
      System.out.println("l'auteur✂
      est : "+retrouve.auteur());
      if (retrouve instanceof Livre) {
        System.out.println("il s'agit✂
      d'un livre");
        ((Livre)retrouve).afficheLigne(2);
      } else if (retrouve✂
            instanceof Photo) {
        System.out.println("il✂
            s'agit d'une photo");
```

```
    if (((Photo)retrouve).estEnCouleur())
        System.out.println("elle est✂
          en couleurs");
      else
        System.out.println("elle est✂
          en noir et blanc");
    } else
      System.out.println("il s'agit✂
     d'un document de type inconnu");
  }
 }
}
```

Deux lignes de ce code sont commentées, ce sont les deux lignes qui traitent la photo `paysage`. En effet, nous avons préféré ne pas entrer dans les détails de la programmation du chargement d'une image pour l'instant, ce qui rend impossible l'utilisation de la classe Photo. Toutefois, vous pourrez vous pencher sur ce problème après avoir étudié le chapitre 10.

Passons maintenant au fonctionnement du programme `GestionBiblio`.

La méthode `Biblio.rechercheParTitre(String)` retourne un objet de type `Document`. On utilise ensuite l'opérateur `instanceof` pour tester si l'objet qu'elle retourne est une instance de telle ou telle classe. En effet, `rechercheParTitre` peut retourner une `Photo` ou un `Livre`. Si l'objet retourné est un `Livre`, nous en affichons la ligne 2, et s'il s'agit d'une `Photo`, nous indiquons s'il s'agit d'une photo couleur ou non. Il est obligatoire de convertir l'objet `re-`

trouve en un Livre ou une Photo avant de pouvoir utiliser les méthodes afficheLigne et estEnCouleur.

Une interface peut également hériter d'une autre interface. Nous allons déclarer une interface DocumentOfficiel ci-dessous:

```
interface DocumentOfficiel
      extends document{
  String approuvePar();
  int reference();
  int niveauClassification();
}
```

Toute classe implémentant l'interface DocumentOfficiel est également conforme à l'interface Document.

Voici un autre exemple d'utilisation des interfaces, légèrement plus complexe. On peut imaginer une interface appareilElectrique qui définit les méthodes estEnclenche() et alimente(boolean).

Si une classe implémente l'interface appareilElectrique, on sait donc qu'elle possède au moins ces deux méthodes, qu'il s'agisse d'une radio, d'une lampe ou d'un autre appareil. Lorsque l'on désire indiquer à un appareil qu'il est alimenté, on exécute app.alimente(true), et pour lui indiquer qu'il a été débranché, on exécute app.alimente(false).

Nous allons donc créer deux types d'appareils électriques, les radios et les lampes. Ces deux types implémentent l'interface `appareilElectrique`. Nous allons également créer une classe `rallongeElectrique`, qui est aussi un appareil électrique.

La méthode la plus intéressante de cette classe est la méthode `branche(appareilElectrique)`. Celle-ci enregistre l'objet fourni en paramètre comme étant l'objet alimenté à travers la rallonge. Cette rallonge possède un interrupteur, que l'on peut activer ou désactiver en appelant ses méthodes respectivement `enclenche()` et `declenche()`. Lorsque l'on change l'état de l'interrupteur, on indiquera à l'objet qui en dépend qu'il est ou qu'il n'est plus alimenté.

L'interface `appareilElectrique` :

```
public interface appareilElectrique {
  /** teste si l'appareil est enclenche
    */
  public boolean estEnclenche();

  /** on appelle cette methode lorsque
    * l'on branche l'appareil dans une
    * source de courant active, avec true,
    * ou false si la source est inactive
    */
  public void alimente(boolean alim);
}
```

La classe `radio` :

```
class radio implements appareilElectrique {
// c'est une radio rudimentaire, qui✂
      se deregle quand on l'eteint !
  final static int freqMiseEnRoute = 1007;
// 100.7 MHz
  int freq;
  boolean allumee = false;
  public boolean estEnclenche() {
    return allumee;
  }
  public void alimente(boolean a) {
    allumee = a;
    if (allumee)
      freq = freqMiseEnRoute;
  }
  /** on ne peut changer de frequence que
    * si la radio est en marche
    * retourne true si le changement a ete
    * effectue
    */
  public boolean changeFreq(int freq) {
    if (!allumee)
      this.freq = freq;
    return allumee;
  }
}
```

La classe `lampe` :

```
class lampe implements✂
      appareilElectrique {
  boolean allumee = false;
  public boolean estEnclenche() {
    return allumee;
  }
  public void alimente(boolean alim) {
    allumee = alim;
  }
}
```

La classe `rallongeElectrique` :

```
class rallongeElectrique implements✂
      appareilElectrique {
  appareilElectrique appareilBranche =✂
      null;
  boolean conduit = false;
  // indique si l'interrupteur est✂
      ferme (conduit=true)
  boolean estAlimente = false;
  public boolean estEnclenche() {
    return conduit;
  }
  public void alimente(boolean alim) {
    if (alim) {
      // on branche la rallonge✂
                  dans une prise
      if (!estAlimente && conduit)
        on();
    } else {
```

```
      // on debranche
      if (estAlimente && conduit)
        off();
      estAlimente = alim;
    }
  }
  // gestion de l'interrupteur
  public void enclenche() {
    if (!conduit && estAlimente)
      on();
    conduit = true;
  }
  public void declenche() {
    if (conduit && estAlimente)
      off();
    conduit = false;
  }
  // gestion de l'appareil branche
  private void on() {
    if (appareilBranche != null)
      appareilBranche.alimente(true);
  }
  private void off() {
    if (appareilBranche != null)
      appareilBranche.alimente(false);
  }
  // branche un nouvel appareil✂
                  a la rallonge
  public boolean
branche(appareilElectrique app) {
    if (appareilBranche != null)
      // il y a deja un appareil branche !
      return false;
    appareilBranche = app;
    return true;
  }
}
```

La classe `testElectrique` :

```
class testElectrique {
  public static void main(String args[]) {
    rallongeElectrique rallonge1,✂
       rallonge2;
    rallonge1 = new rallongeElectrique();
    rallonge2 = new rallongeElectrique();
    radio radioSalon = new radio();
    lampe lampeCuisine = new lampe();
    // on imagine que l'on branche les✂
                   rallonges dans 2 prises
    rallonge1.alimente(true);
    rallonge2.alimente(true);
    // on branche des appareils dans✂
                        ces 2 rallonges
    rallonge1.branche(radioSalon);
    rallonge2.branche(lampeCuisine);
    System.out.println("la radio✂
       du salon est " +✂
       (radioSalon.estEnclenche() ?✂
       "allumee" : "eteinte"));
    System.out.println("on appuie sur✂
       l'interrupteur de la rallonge 1");
    rallonge1.enclenche();
    System.out.println("la radio✂
       du salon est maintenant " +✂
       (radioSalon.estEnclenche() ?✂
       "allumee" : "eteinte"));
  }
}
```

Lorsque l'on exécute cette application, on obtient:

```
la radio du salon est eteinte
on appuie sur l'interrupteur de la
rallonge 1
la radio du salon est maintenant allumee
```

5.12 Les objets dans les paramètres de méthodes

Lorsque l'on passe un objet par paramètre, il est possible de modifier cet objet en utilisant ces méthodes. Par contre, il n'est pas possible de remplacer cet objet par une nouvelle instance. Le changement n'aura lieu que localement à la méthode.

On dit que la référence de l'objet est passée par valeur. Exemple:

```
class Case {
  int val;
  Case(int val) {
    this.val = val;
  }
}
public class ParamParValeur {
  static void modifieVal(Case c,✂
                              int val) {
    c.val = val;
  }
```

```
  static void modifieCase(Case c,
                              int val) {
    c = new Case(val);
  }
  public static void main(String[] args) {
    Case maCase = new Case(3);
    System.out.println(maCase.val);
    modifieVal(maCase, 10);
    System.out.println(maCase.val);
    modifieCase(maCase, 15);
    System.out.println(maCase.val);
  }
}
```

5.13 L'objet null

L'objet `null` est utilisable en tout temps, tout comme `this`. Il n'appartient pas à une classe, mais il peut être utilisé en lieu et place d'un objet de toute classe, dans un paramètre. Bien évidemment, cela peut poser un problème si l'on tente d'utiliser `null` comme un objet normal :

```
public class Case {
  int val;
  Case(int val) {
    this.val = val;
  }
  boolean estEgal(Case c) {
    return val == c.val;
  }
}
```

Et le code de la classe de test :

```
public class DemoNull {
  public static void main(String args[]) {
    Case c1 = new Case(10);
    Case c2 = new Case(15);
    Case c3 = null;
    System.out.println("c1 == c2: " +
c1.estEgal(c2));
    System.out.println("c1 == c3: " +
c1.estEgal(c3));
    System.out.println("c1 == null: " +
c1.estEgal(null));
  }
}
```

Le programme se compile correctement, en revanche son exécution est interrompue à la cinquième ligne, lors de la comparaison entre `c1` et `c3`. En effet, comme `c3` vaut null, il n'est pas possible de lire `c3.val`. Cette erreur génère une exception, c'est-à-dire une erreur qu'il est possible de traiter. Ce mécanisme est expliqué au chapitre 10.8. Généralement, `null` a une signification particulière. Par exemple, une méthode peut retourner `null` si elle n'a pas trouvé d'objet à retourner.

Une autre solution, plus simple, consiste à tester le paramètre au début de la méthode `Case.estEgal(Case)` et de prendre des mesures en conséquence. Le choix le plus évident est de dire qu'une case `null` est différente de toute autre case :

```
public class Case2 {
  int val;
  Case2(int val) {
    this.val = val;
  }
  boolean estEgal(Case2 c) {
    if (c == null)
      return false;
    return val == c.val;
  }
}
```

On utilisera cette classe avec le code ci-dessous :

```
public class DemoNull2 {
  public static void main(String args[]) {
    Case2 c1 = new Case2(10);
    Case2 c2 = new Case2(15);
    Case2 c3 = null;
    System.out.println("c1 == c2: " +
c1.estEgal(c2));
    System.out.println("c1 == c3: " +
c1.estEgal(c3));
    System.out.println("c1 == null: " +
c1.estEgal(null));
  }
}
```

L'opération suivante a également une deuxième utilité:

```
c2 = null;
```

Cela permet à la machine virtuelle de savoir que l'on n'utilisera plus l'objet que "contenait" anciennement `c2` (`c2` contenait en fait une référence à cet objet, référence que l'on supprime). Comme la machine virtuelle est chargée de gérer la mémoire, elle va libérer la mémoire occupée par cet objet et la remettre à disposition d'autres objets. Dans le cas des objets Case, cela ne libère pas une quantité de mémoire significative, mais un objet pourrait très bien contenir une image de 50 mégaoctets.

6. Les paquetages

6.1 Introduction

Java nous donne la possibilité de regrouper un certain nombre de classes dans un paquetage, ou *package* en anglais. On utilise les paquetages lorsque l'on a un nombre important de classes, dans le cas de grandes applications. On peut aussi les utiliser pour créer une librairie de classes fréquemment utilisées.

Si l'on désire ranger une classe dans un paquetage, il faut insérer la ligne suivante au début du fichier source:

```
package nomDuPaquetage;
```

On commence généralement le nom d'un paquetage par une minuscule. Le nom peut également comporter des points, servant à définir une hiérarchie des paquetages. On peut imaginer un paquetage periph qui contient deux interfaces, `entree` et `sortie`. On peut créer deux sous-paquetages `periph.entree` et `periph.sortie` qui contiennent toutes les classes se conformant à ces deux interfaces.

```
package periph
 |
 |-package periph.sortie
 |    |
 |    |-class Ecran
 |    |-class Imprimante
 |-package periph.entree
 |    |
 |    |-class Clavier
 |    |-class Scanner
 |-interface Entree
 |-interface Sortie
```

Cette hiérarchie que l'on vient de créer grâce aux noms de paquetages est également visible au niveau du système de fichiers. En effet, les classes faisant partie du paquetage `periph` doivent être placées dans le répertoire nommé `periph`. De même pour les classes faisant partie de `periph.sortie`, elles devront se trouver dans le répertoire `periph/sortie`.

Vous pouvez ranger les fichiers sources dans un autre répertoire, tant que vous placez les fichiers compilés (extension `.class`) dans ces répertoires. Toutefois, il est beaucoup plus simple de conserver les fichiers sources dans le même répertoire que les fichiers compilés, car le compilateur du JDK enregistre les fichiers `.class` dans le même répertoire que le fichier source.

Si l'on reprend l'exemple des périphériques, vous trouverez sur votre disque dur les fichiers suivants:

```
periph/
  │
  ├─ entree/
  │    │
  │    ├─ Clavier.java
  │    │  Clavier.class
  │    └─ Scanner.java
  │       Scanner.class
  ├─ sortie
  │    │
  │    ├─ Ecran.java
  │    │  Ecran.class
  │    └─ Imprimante.java
  │       Imprimante.class
  ├─ Sortie.java
  │  Sortie.class
  └─ Entree.java
     Entree.class
```

L'utilisation de paquetages pour catégoriser des objets permet également de déclarer deux classes de même nom dans des paquetages différents.

6.2 Utilisation d'un paquetage

Il y a deux façons pour utiliser les classes d'un paquetage. Soit l'on fait référence au nom complet d'une classe, soit l'on importe la classe. Le nom complet d'une classe définit non seulement le nom de la classe mais aussi le paquetage auquel elle appartient, en utilisant la notation pointée.

Ainsi, si l'on veut utiliser la classe `clavier` que l'on a déclarée ci-dessus, on peut écrire:

```
periph.entree.Clavier leClavier =✂
             new periph.entree.Clavier();
```

```
periph.sortie.Ecran ecranControle =✂
             new periph.sortie.Ecran();
```

Il faut bien admettre que cela peut alourdir la déclaration des objets, a fortiori si le nombre d'objets est important. Comme nous l'avons dit, nous pouvons aussi importer la classe à utiliser, en utilisant le mot-clé `import` au tout début du fichier source:

```
import periph.entree.Clavier;
import periph.entree.Scanner;
import periph.sortie.Imprimante;
class utilisePeriph {
  public static void main(String args[]) {
    Clavier leClavier = new Clavier();
    Scanner leScanner = new Scanner();
    Imprimante imp = new Imprimante();
    ...
  }
}
```

On se rend compte ici encore qu'il peut être fastidieux d'importer tour à tour toutes les classes dont on a besoin. On peut utiliser le raccourci suivant pour importer toutes les classes d'un paquetage:

```
import nomDuPaquetage.*;
```

Cette instruction ordonne au compilateur d'importer toutes les classes du paquetage `nomDuPaquetage`. On peut alors simplifier le programme précédent de la manière suivante:

```
import periph.entree.*;
import periph.sortie.*;
class utilisePeriph {
  public static void main(String args[]) {
    Clavier leClavier = new Clavier();
    Scanner leScanner = new Scanner();
    Imprimante imp = new Imprimante();
    ...
  }
}
```

Attention

L'astérisque n'importe pas les sous-paquetages. Nous n'aurions pas pu utiliser la ligne suivante pour simplifier encore le programme `utilisePeriph`:

```
import periph.*;
```

Nous n'aurions alors importé que les classes **Entree** et **Sortie**.

6.3 Collision de classes

En informatique, le terme collision désigne la problématique liée à la déclaration de deux entités différentes, mais portant le même nom. C'est ce qu'il peut se passer dans le cas suivant. Reprenons les paquetages `periph.entree` et `periph.sortie`. Nous allons ajouter à chacun d'entre eux une classe nommée `ModemFax`. Nous allons donc avoir une classe `periph.entree.ModemFax` et une classe `periph.sortie.ModemFax`. Il n'y a pas de problème si on décide de les utiliser de la manière suivante:

```
class utiliseFax {
  public envoie(...) {
    periph.sortie.ModemFax fax =✂
       new periph.sortie.ModemFax(...);
    periph.entree.Clavier c =✂
       new periph.entree.Clavier();
    fax.envoie(c.lit());
  }
  public recoit(...) {
    periph.entree.ModemFax fax =✂
       new periph.entree.ModemFax(...);
    periph.sortie.Ecran e =✂
       new periph.sortie.Ecran();
    e.affiche(fax.recoit());
  }
  ...
}
```

En revanche, si l'on décide d'importer les deux classes, de la manière décrite ci-dessous, nous aurons droit à un message d'erreur à la compilation:

```
import periph.entree.*;
import periph.sortie.*;
class utiliseFax {
  public envoie(...) {
    ModemFax fax = new ModemFax(...);
    Clavier c = new Clavier();
    fax.envoie(c.lit());
  }
  public recoit(...) {
    ModemFax fax = new ModemFax(...);
    Ecran e = new Ecran();
    e.affiche(fax.recoit());
  }
  ...
}
```

En effet, le compilateur n'a aucun moyen pour déterminer la classe qu'il doit utiliser dans chacun des cas. Il convient alors de donner le nom complet de la classe à utiliser:

```
import periph.entree.*;
import periph.sortie.*;
class utiliseFax {
  public envoie(...) {
    periph.sortie.ModemFax fax =✂
       new periph.sortie.ModemFax(...);
    Clavier c = new Clavier();
    fax.envoie(c.lit());
  }
```

```
  public recoit(...){
    periph.entree.ModemFax fax =✂
       new periph.entree.ModemFax(...);
    Ecran e = new Ecran();
    e.affiche(fax.recoit());
  }
  ...
}
```

6.4 Les paquetages standard

Java offre en standard un certain nombre de classes très utiles, regroupées en paquetages. Voici la liste des paquetages et leur domaine d'activité:

- **`java.lang`**

  classes standard (voir chapitre 8)

- **`java.util`**

  classes très utiles (voir chapitre 8)

- **`java.applet`**

  gestion d'applets (voir chapitre 9)

- **`java.awt`**

  système de fenêtrage AWT (voir chapitre 10)

- **`java.awt.image`**

  gestion des images

- **`java.awt.peer`**

  interface avec le système d'exploitation

- **`java.io`**

  entrées-sorties. Gestion de fichiers (voir chapitre 13)

- **`java.net`**

  accès au réseau (voir chapitre 14)

Nous remarquerons que la classe `java.lang` est un peu particulière, car nous n'avons pas besoin de l'importer pour pouvoir en utiliser le contenu. Il n'est donc pas nécessaire de commencer votre programme par `import java.lang;` même si vous utilisez la classe `String`, par exemple.

7. Les modificateurs

7.1 Introduction

Lorsque l'on définit une méthode ou que l'on déclare une variable, il est souvent nécessaire de les compléter par des attributs supplémentaires que l'on nomme modificateurs ou *modifiers* en anglais.

Exemple:

```
class modifs {
  protected int entierProtegee;
  Object public objetPublic;
  public static final int constante = 22;

  public static void main(Strings args[])
{
    ...
  }
}
```

On remarque que les modificateurs (ici protected, `public`, `static` et `final`) se placent avant ou après le type des objets ou variables, même si la convention veut que l'on place d'abord les éventuels modificateurs suivis du type (classe) de l'objet, et enfin de son identificateur. Les modificateurs ne peuvent pas être utilisés pour qualifier des variables locales.

Seules les variables d'instance et de classe (que nous étudierons dans ce chapitre) peuvent en profiter.

Les chapitres suivants décrivent les différents modificateurs disponibles en Java.

7.2 Visibilité des entités - public, private, protected

Il existe 3 modificateurs qui peuvent être combinés afin de protéger des entités (classes, méthodes, variables). Protéger une variable ou une méthode signifie restreindre son utilisation, et éviter de ce fait que n'importe quel objet puisse modifier n'importe quelle variable. Ces 3 modificateurs sont `public`, `private` et `protected`. On peut les combiner pour créer ces **5 niveaux de protection différents**:

- **`public`**

Une variable, méthode ou classe déclarée `public` sera visible par toutes les autres méthodes, à l'intérieur ou à l'extérieur de l'objet.

Généralement, on évite de classer des variables comme `public` et on crée des méthodes spéciales pour les mettre à jour. Cela permet un meilleur contrôle et un code plus sûr (principe de l'encapsulation).

- **`protected`**

Ce modificateur définit l'accès comme suit : si dans une classe, on déclare une méthode ou une variable comme `protected`, seules les méthodes présentes dans le même paquetage que cette classe ou ses sous-classes pourront y accéder. On ne peut pas utiliser le modificateur `protected` pour qualifier une classe.

- par défaut, ***package***, ***friendly***

Il n'existe pas de mot-clé pour définir ce niveau de visibilité, c'est le niveau de visibilité par défaut, lorqu'aucun modificateur n'est précisé. Lorsqu'une entité (classe, méthode, variable) est déclarée comme cela, elle est visible par toutes les classes se trouvant dans le même paquetage.

- **`private protected`**

Une méthode ou une variable `private protected` n'est visible que dans sa classe ou dans ses sous-classes. Une classe ne peut pas être `private protected`.

- **`private`**

Il s'agit du niveau de restriction de visibilité le plus fort. Seules les méthodes de la classe dans laquelle on définit une entité `private` pourront la voir.

7.3 static

Jusqu'à maintenant, nous avions considéré que chaque variable était propre à un objet. C'est pour cette raison que nous parlions de variable d'instance. Il se peut que nous ayons besoin de partager une variable entre les instances d'une même classe. Cette variable qui contient une information commune à toutes les instances sert typiquement à stocker une constante ou une valeur que modifient, tour à tour, ces instances. On appelle une telle variable une variable de classe, que l'on construit grâce au modificateur `static`. Exemple :

```
public class Cercle {
  static float pi = 3.14f;
  float rayon;
  public Cercle(float rayon) {
    this.rayon = rayon;
  }
  public float diametre() {
    return 2*rayon;
  }
  public float perimetre() {
    return diametre()*pi;
  }
  public float surface() {
    return rayon*rayon*pi;
  }
}
```

Dans cet exemple, la variable `pi` est partagée entre toutes les instances de la classe `Cercle`. En effet, il n'y a pas de raison de stocker `pi` dans chaque instance de `Cercle`, puisqu'il s'agit d'une valeur identique pour chaque cercle.

L'exemple suivant définit la classe `Thermometre`, dont chaque instance mémorisera une température (`temp`). `Thermometre` utilise les variables de classe min et max pour enregistrer les valeurs minimum et maximum atteintes :

```
class Thermometre {
  static int min = 0, max = 0;
  int temp;
  public Thermometre(int temp) {
    if (temp < min)
      min = temp;
    else if (temp > max)
      max = temp;
    this.temp = temp;
  }
  public int temp() {
    return temp;
  }
  public int min() {
    return min;
  }
  public int max() {
    return max;
  }
}
public class UtiliseThermo {
  public static void main(String args[]) {
    Thermometre t1 = new Thermometre(10);
```

```
    Thermometre t2 = new Thermometre(20);
    Thermometre t3 = new Thermometre(-15);
    System.out.println("Les✂
      temperatures:");
    System.out.println(t1.temp() + " " ✂
      +t2.temp() + " " + t3.temp());
    System.out.println("temp minimum:");
    System.out.println(t1.min() + " " +✂
      t2.min() + " " + t3.min());
    System.out.println("temp maximum:");
    System.out.println(t1.max() + " " +✂
      t2.max() + " " + t3.max());
  }
}
```

Lorsque l'on exécute ce programme, on obtient :

```
Les temperatures:
10 20 -15
temp minimum:
-15 -15 -15
temp maximum:
20 20 20
```

On se rend compte que la température est propre à chaque instance, mais que `min` et `max` sont identiques pour les 3 objets.

Une méthode statique (`static`) est une méthode qui n'agit pas sur des variables d'instance, mais uniquement sur des variables de classe. On parle à ce moment de méthode de classe. On aurait pu définir les deux méthodes `Thermometre.min()` et `Thermometre.max()` de la manière suivante :

```
public static int min() {
  return min;
}
public static int max() {
  return max;
}
```

Après avoir effectué cette modification, écrire on pourrait écrire `Thermometre.min()` au lieu de `t1.min()`., car la méthode `min()` est définie au niveau de la classe. Les méthodes de classe peuvent être utilisées sans que l'on instancie un objet.

Attention

Il n'est pas possible d'appeler une méthode d'instance ou d'accéder à une variable d'instance à partir d'une méthode de classe (statique).

7.4 final

Une variable qualifiée de `final` signifie que la variable est constante. Attention, cela ne signifie pas que le compilateur empêche ou contrôle les éventuelles modifications ! Remarquons également que l'on ne peut pas déclarer de variable `final` locale à une méthode. Typiquement, les constantes sont qualifiées de `final` et de `static`.

Exemple:

```
public static final float pi = 3.1415f;
```

Une méthode finale ne peut pas être remplacée dans une sous-classe. On peut aussi remarquer qu'une méthode possédant le modificateur `final` pourra être optimisée par le compilateur, car il est garanti qu'elle ne sera pas sous-classée.

Lorsque le modificateur `final` est ajouté à une classe, il interdit de créer une classe qui en hérite.

7.5 abstract

Le modificateur `abstract` indique que la classe ne pourra pas être instanciée telle quelle. De plus, toutes les méthodes de cette classe déclarées `abstract` ne sont pas implémentées et devront être masquées par des méthodes complètes dans ses sous-classes.

Exemple:

```
abstract class ClasseAbstraite {
  ClasseAbstraite() {
    code...;
  }
  void methode() {
    // code partagé par
    // tous les descendants
  }
  abstract void methAbstraite();
}
class ClasseComplete extends✂
      ClasseAbstraite {
  ClasseComplete() {
    super();
  }
  void methAbstraite() {
    code...;
  }
  // void methode() est héritée
}
```

`abstract` permet de créer un moule à partir d'une classe. Toutes les classes dérivées de ce moule pourront profiter des méthodes héritées et n'auront à implémenter que les méthodes déclarées `abstract`.

7.6 synchronized

Ce modificateur sert à gérer l'accès concurrent aux variables et méthodes. Ce sujet est traité en détail dans le chapitre 12.4.

7.7 volatile

`volatile` précise que la variable peut être changée par un périphérique ou de manière asynchrone. Cela indique au compilateur qu'il ne doit pas stocker les valeurs dans des registres. A chaque utilisation, on lit la valeur, et on réécrit immédiatement le résultat s'il a changé.

7.8 native

Une méthode `native` est une méthode qui est implémentée dans un autre langage. On peut donc imaginer un programme Java qui utilise une fonction en C++. A l'heure actuelle, une des raisons qui peut justifier l'usage de méthode native est la vitesse, car le code Java ne s'exécute pas aussi rapidement que du code natif (écrit en C ou en Pascal par exemple). L'utilisation de ce type de méthode limite donc la portabilité du code, puisqu'il faudra redévelopper les méthodes natives sur les autres plate-formes, en utilisant les outils disponibles.

8. Les classes standard

8.1 Introduction

Sun distribue la documentation de l'API — *Application Programming Interface*, interface pour la programmation d'applications — en format HTML. Pour pouvoir la consulter, il vous faut donc utiliser un logiciel de navigation.

8.2 Comment lire l'API [2]

L'API est organisée en trois niveaux. Le premier niveau, plus général, présente la liste des paquetages standard. Il s'agit de la page `packages.html`. Lorsque vous cliquez sur un de ces paquetages, vous accédez au deuxième niveau, au niveau du paquetage. Une page vous est présentée, contenant une liste de toutes les classes, interfaces et exceptions appartenant à ce paquetage. Vous accédez au troisième niveau en cliquant sur l'un de ces composants.

Toute page décrivant une classe ou une interface est divisée en trois parties. La première partie représente la hiérarchie dont est issue la classe en ques-

2 Ce chapitre est fortement inspiré du mode d'emploi du Java de Sun.

tion. Cela vous permet de connaître les parents de cette classe et donc les méthodes dont elle hérite.

La deuxième partie contient un court descriptif de la classe et éventuellement un exemple d'utilisation. C'est également dans cette deuxième partie que l'on peut voir si la classe implémente une interface.

La troisième partie décrit tous les constructeurs, méthodes et variables de la classe. Il existe 5 types d'entrées qui peuvent apparaître dans cette troisième partie. A chaque type est associée une couleur:

les variables d'instance	magenta
les variables statiques (variables de classe)	bleu
les constructeurs	jaune
les méthodes d'instance	rouge
les méthodes statiques (méthodes de classe)	vert

Tous ces éléments sont liés à une description plus complète, au bas de la page, où les paramètres sont expliqués.

8.3 Les classes les plus utiles

8.3.1 Introduction

Les sections suivantes décrivent brièvement les classes que nous avons trouvées intéressantes. Nous n'avons pas cherché à documenter de manière exhaustive les API Java. Si vous désirez plus de précision sur une classe, il vous faudra consulter la documentation officielle.

N'oubliez jamais de consulter ces informations avant de vous lancer dans le développement d'une classe qui vous paraît essentielle... elle existe probablement déjà si elle est aussi essentielle que vous le pensez !

8.3.2 String - java.lang

En Java, les chaînes de caractères sont des objets. Bien que nous ayons déjà employé la classe `String` à maintes reprises dans cet ouvrage, voyons comment créer des objets et les utiliser:

```
String artiste = "Solar Quest";
String titre = "Paranoid Aliens";
System.out.println(artiste);
String ligne = titre + " par " + artiste;
System.out.println(ligne);
String enMajuscules = ligne.toUpperCase();
System.out.println(enMajuscules);
System.out.println("maju✂
                         scule".toUpperCase());
```

Etant donné que les chaînes de caractères sont des objets, nous nous permettons de vous rappeler que l'on ne peut pas les comparer entre elles avec l'opérateur ==, pour les raisons évoquées au chapitre 5.7. Il faut utiliser la méthode `equals(String)` pour tester l'égalité de deux chaînes:

```
String abc1 = "abc";
String abc2 = "abc";
if (abc1 == abc2) // sont deux objets✂
        différents, donc
  System.out.println("egales");
else
  System.out.println("différentes");
// sera affiché
if (abc1.equals(abc2)) // sont égales
  System.out.println("egales");
// sera affiché
else
  System.out.println("différentes");
```

8.3.3 Les Type Wrappers - java.lang

A chaque type standard est associée une classe que l'on appelle *type wrapper*. Il existe les classes `Boolean`, `Integer`, `Long`, `Float`, `Double`, `Character`. Ces classes peuvent stocker une valeur du type correspondant, mais surtout, elles offrent des méthodes facilitant les tâches de conversion. Grâce à ces classes, on peut par exemple effectuer la conversion d'une chaîne de caractères (`String`) en nombre entier.

Ces méthodes de conversion opèrent sur des instances, mais il est également possible d'utiliser des méthodes statiques.

Exemples:

```
Float objetPi =✂
        new Float("3.1415");
float r = 3.5f;
float perimetre =✂
        2 * objetPi.floatValue() * r;
int valeur =✂
        Integer.valueOf("555").intValue();
String perimetreStr =✂
        Float.toString(perimetre);
```

Attention

Ces classes ne sont pas interchangeables avec les types d'origine, car il s'agit d'objets. Il n'est donc pas possible de faire:

```
Float objetPi = new Float("3.1415");
System.out.println(5*objetPi);
```

Si on désire obtenir la valeur contenue dans un objet de ce type, on utilisera la méthode *type*`Value()` où *type* est le nom du type standard:

```
Integer Entier = new Integer(10);
int entier = Entier.intValue();
```

Il est vivement conseillé de consulter la documentation des API car le nombre de méthodes de conversion est important.

Les classes `Integer`, `Long`, `Float` et `Double` offrent toutes les constantes `MAX_VALUE` et `MIN_VALUE`. Elles représentent les valeurs extrêmes que peuvent prendre les variables du type en question.

Exemple:

```
System.out.println("une variable int✂
        peut prendre une valeur✂
        comprise entre");
System.out.println(Integer.MIN_VALUE);
System.out.println("et");
System.out.println(Integer.MAX_VALUE);
```

Lorsque l'on effectue certaines opérations mathématiques sur des nombres à virgule flottante (`float` ou `double`), le résultat peut prendre l'une des trois valeurs spéciales suivantes:

- `NEGATIVE_INFINITY`

  l'infini négative. Causé par la division d'un nombre négatif par 0.0

- `POSITIVE_INFINITY`

  l'infini positif. Causé par la division d'un nombre positif par 0.0

- `NaN`

  n'est pas un nombre (`NaN` pour *not a number*). Causé par la division de 0.0 par 0.0

Ces constantes spéciales sont définies dans les classes `Float` et `Double`. Après une opération, on peut tester si le résultat est infini ou `NaN`. grâce aux méthodes:

```
Float.isNaN(float),
Float.isInfinite(float),
Double.isNaN(double),
Double.isInfinite(double).
```

Toutes ces méthodes retournent `true` si le nombre est infini ou "`NaN`".

On peut également comparer le résultat avec les constantes `Float.NEGATIVE_INFINITY` ou `Float.POSITIVE_INFINITY` (idem pour `Double`).

Attention

La constante `Float.NaN` n'est pas égale à un nombre dont la valeur est `NaN`, ni même à elle-même. Ainsi, le test `Float.NaN == Float.NaN` retournera `false` !

Exemple:

```
class exNaN {
  public static void main✂
      (String args[]) {
    float res;

    res = -5.0f/0.0f;
    System.out.println("Resultat✂
       -5.0/0.0 = " + res);
    if (Float.isInfinite(res)) {
      System.out.println("Infini");
      if (res == Float.POSITIVE_INFINITY)
        System.out.println("posinf");
      else if (res ==✂
       Float.NEGATIVE_INFINITY)
        System.out.println("neginf");
    }
    res = 0.0f/0.0f;
    if (Float.isNaN(res)) {
      System.out.println("0.0f/0.0f✂
       isNaN");
      if (res == Float.NaN)
        System.out.println("res ==✂
             Float.NaN");
      else
        System.out.println("res !=✂
             Float.NaN");
    }
  }
}
```

Pour conclure, remarquons que lorsque l'on effectue une division par zéro sur des nombres entiers, une exception est générée. Voyez le chapitre 10.8 pour plus d'informations concernant les exceptions.

8.3.4 StringTokenizer - java.util

La classe `StringTokenizer` permet de découper une chaîne de caractères (`String`) en fonction de séparateurs (virgules, espaces, etc.). On peut imaginer une chaîne de caractères qui contient une liste de nombres entiers séparés par des virgules, dont on doit calculer la moyenne. Le format d'une telle chaîne est donc: `"12,13,14,20,38,50"`.. Il faut en tout premier lieu identifier les séparateurs. Dans ce cas, il s'agit de la virgule. Le constructeur `String-Tokenizer(String,String)` prend 2 paramètres: le premier est la chaîne à décomposer et le deuxième est une chaîne contenant tous les séparateurs.

```
import java.util.*;
public class Moyenne {
  public static void main(String args[]) {
    // nous allons calculer la moyenne✂
    // des nombres passés en paramètres✂
      sur la ligne de commande
    StringTokenizer st = new
StringTokenizer (args[0], ",");
    float total = 0f;
    int nombre = 0;
    while (st.hasMoreTokens()) {
      nombre++;
      float val =✂
       Float.valueOf(st.nextToken());
      total += val;
    }
    System.out.println(total/nombre);
  }
}
```

`StringTokenizer.hasMoreTokens()` retourne `true` tant qu'il reste des éléments dans la chaîne à découper.

`StringTokenizer.nextToken()` retourne une chaîne contenant l'élément en question.

8.3.5 Random - java.util

La classe `Random` permet de générer des nombres pseudo-aléatoires.

Après avoir appelé le constructeur, il suffit d'appeler la méthode correspondant au type de nombre aléatoire que l'on souhaite obtenir: `nextInt()`, `nextLong()`, `nextFloat()` ou `nextDouble()`. `nextInt()` retourne un `int` compris entre `Integer.MIN_VALUE` et `Integer.MAX_VALUE` et `nextLong()` retourne un `long` compris entre `Long.MIN_VALUE` et `Long.MAX_VALUE`.

`nextDouble()` et `nextFloat()` retournent un nombre entre 0.0 et 1.0.

Exemple:

```
Random r = new Random();
int a = r.nextInt() % 10;
System.out.println("un entier entre 0✂
       et 9: "+a);
a = (r.nextInt() % 20) - 10;
System.out.println("un entier entre -10✂
       et +9: "+a);
```

8.3.6 Date et Calendar-java.util

La classe `Date` facilite la manipulation des dates. Cette classe offre beaucoup de constructeurs et de méthodes. Voici un petit extrait des possibilités, si vous utilisez Java 1.0.2 :

```
import java.util.*;
public class JourDeLaSemaine {
  public static void main(String args[]) {
    Date maintenant = new Date(); //✂
      maintenant (heure et date)
    System.out.println("Nous sommes le✂
      "+maintenant);
    String jour = "";
    switch (maintenant.getDay()) {
      case 0: jour = "dimanche"; break;
      case 1: jour = "lundi"; break;
      case 2: jour = "mardi"; break;
      case 3: jour = "mercredi"; break;
      case 4: jour = "jeudi"; break;
      case 5: jour = "vendredi"; break;
      case 6: jour = "samedi"; break;
    }
    System.out.println("Nous sommes un✂
      "+jour);
  }
}
```

Si vous êtes un utilisateur de Java 1.1, vous devez utiliser la classe `Calendar` :

```
import java.util.*;
public class JourDeLaSemaine {
  public static void main(String args[]) {
    Calendar maintenant =
Calendar.getInstance();
    System.out.println("Nous sommes le " +
maintenant.getTime());
    String jour = "";
    switch
(maintenant.get(Calendar.DAY_OF_WEEK)) {
      case Calendar.SUNDAY    : jour =
             "dimanche"; break;
      case Calendar.MONDAY    : jour =
             "lundi";    break;
      case Calendar.TUESDAY   : jour =
             "mardi";    break;
      case Calendar.WEDNESDAY: jour =
             "mercredi"; break;
      case Calendar.THURSDAY  : jour =
             "jeudi";    break;
      case Calendar.FRIDAY    : jour =
             "vendredi"; break;
      case Calendar.SATURDAY  : jour =
 "samedi";   break;
    }
    System.out.println("Nous sommes
             un " + jour);
  }
}
```

8.3.7 Vector - java.util

Il faut considérer un vecteur comme un tableau évolué. Un vecteur est fait pour contenir un nombre indéterminé d'objets (`Object`). On peut ajouter, enlever, rechercher des éléments dans un vecteur. Voici les méthodes principales:

- **`void addElement(Object)`**

  ajoute l'objet dans le vecteur

- **`boolean contains(Object)`**

  retourne `true` si l'objet est dans le vecteur

- **`int size()`**

  retourne le nombre d'objets contenus dans le vecteur

- **`void removeElement(Object)`**

  supprime l'objet du vecteur

- **`Object elementAt(int)`**

  retourne l'objet à l'index indiqué

- **`void insertElementAt(Object,int)`**

  insère l'objet à l'index indiqué

- **`void removeElementAt(int)`**

  supprime l'objet à l'index indiqué

- **`void setElementAt(Object,int)`**

  remplace l'élément à l'index fourni par l'objet spécifié

- **`elements()`**

  retourne une `Enumeration` contenant tous les éléments du vecteur (voir section 8.3.9)

Remarquons que l'on ne peut pas stocker de nombres dans un `Vector`, mais seulement des objets. En revanche, on peut stocker des instances de `Integer` ou de `Float` si on le désire. On peut même stocker des objets de classes différentes dans le même vecteur, chose impensable avec un tableau.

Exemple :

```
import java.util.*;
public class utiliseVector {
  public static void main(String args[]) {
    Vector v = new Vector();
    v.addElement(new Integer(10));
    v.addElement(new Integer(20));
    v.addElement(new Float(3.4));
    v.insertElementAt("12345",2);
    System.out.println("le vecteur✂
       contient "+v.size()+" éléments");
    System.out.println("Element✂
       0:"+v.elementAt(0));
    System.out.println("Element✂
       2:"+v.elementAt(2));
    String retrouvee =✂
       (String)v.elementAt(2);
  }
}
```

8.3.8 Hashtable - java.util

Toutes les informations enregistrées dans une `Hashtable` sont stockées sous la forme de paires *clé - donnée*. Lorsque l'on veut consulter la table, l'opération de recherche correspond en fait à la question "quel objet correspond à cette *clé* ?"

Les applications d'une `Hashtable` sont multiples. Il faut considérer cet objet comme un dictionnaire. On peut utiliser un mot comme *clé* et sa définition comme *donnée*:

```
Hashtable dico = new Hashtable();
dico.put("grand","qui n'est pas petit");
dico.put("moyen","qui n'est ni grand ni✂
      petit");
dico.put("petit","qui n'est pas grand");
```

Nous n'utilisons ici que des chaînes de caractères comme clés et comme données, mais nous pouvons bien évidemment utiliser des objets d'autres classes:

```
dico.put("aujourd'hui",new Date());
dico.put("nom","alex");
dico.put(new Integer(1),"premier");
dico.put(new Integer(2),"deuxième");
```

Pour lire dans une table, on utilise `get(Object)`.

Exemple:

```
System.out.println("nous sommes✂
      le "+dico.get("aujourd'hui"));
```

```
System.out.println("mon nom est✂
        "+dico.get("nom"));
System.out.println("la table contient✂
        "+dico.size()+" éléments");
```

8.3.9 Enumeration - java.util

`Enumeration` n'est pas une classe mais une interface. C'est une interface qui définit 2 méthodes:

- **`boolean hasMoreElements()`**

  retourne `true` si l'énumération contient encore un ou plusieurs éléments

- **`Object nextElement()`**

  retourne l'objet suivant de l'énumération

Cette interface permet de parcourir une énumération d'objets. Voici par exemple comment afficher tous les éléments d'un vecteur et toutes les clés d'un objet `Hashtable` :

```
Vector v = new Vector();
Hashtable h = new Hashtable();
...
for (Enumeration e = v.elements() ;✂
        e.hasMoreElements() ; ) {
  System.out.println(e.nextElement());
}
for (Enumeration e = h.keys() ;✂
        e.hasMoreElements() ; ) {
  System.out.println(e.nextElement());
}
```

9. Les applets

9.1 Introduction

Comme nous l'avons vu au tout début de cet ouvrage, une applet est un programme Java qui s'exécute dans un logiciel de navigation. Les logiciels de navigation les plus connus sont Netscape Navigator et Microsoft Internet Explorer. Il est également possible de visualiser des applets avec `appletviewer`, qui fait partie du JDK.

Attention

Lorsque l'on teste des applets, il est vivement recommandé d'utiliser l'`appletviewer`, car Netscape Navigator ainsi que Microsoft Internet Explorer utilisent parfois le J-code qui est dans le cache, au lieu de recharger les nouvelles classes, même si vous leur ordonnez de recharger la page. Cela veut dire que même si vous recompilez une applet, un de ces logiciels pourrait utiliser la version précédente, vous faisant alors croire que vous n'avez pas corrigé le bug tant pourchassé!

9.2 Intégration de l'applet dans une page Web

Une applet est incluse, ou embarquée, dans une page Web. Le format de ces pages Web est HTML, Hyper Text Markup Language. Pour une description complète de ce langage, veuillez consulter l'ouvrage *HTML facile*, paru dans la même collection. Sun a défini de nouvelles balises nécessaires à l'intégration d'applets dans des documents hypertextes.

Voici un exemple de page HTML contenant une applet:

```
<HTML>
<HEAD>
<TITLE>Exemple de page avec une applet
</TITLE>
</HEAD>
<BODY>
<H1>Exemple d'applet</H1>
<applet code="appletExemple.class"
width=100 height=50>
Votre browser ne supporte pas les
applets !
</applet>
</BODY>
</HTML>
```

La balise `<applet>` indique au logiciel de navigation qu'il doit charger une applet dont le nom est fourni dans le paramètre `code=""`. Une fois chargée, le *browser* doit lui réserver un rectangle dont la taille est de 100 pixels de large et de 50 pixels de haut et l'exécuter. Tout le texte et les balises HTML qui se trouvent entre `<applet>` et `</applet>` ne seront affichés que si le logiciel de navigation ne supporte pas Java. Ainsi, un utilisateur de Mosaic ou de Lynx ne verra pas l'applet s'exécuter, mais verra le message "Votre browser ne supporte pas les applets!".

Il existe également des balises permettant de passer des paramètres à l'applet, un peu comme les paramètres que l'on peut fournir à une application, sur la ligne de commande. Il s'agit de `<param>`.

Voici un exemple d'utilisation:

```
<applet code="appletExemple.class"✂
      width=100 height=50>
<param name="texte" value="Bonjour">
<param name="hauteur" value="14">
Votre browser ne supporte pas les
applets !
</applet>
```

Nous avons défini ici deux paramètres, `texte` et `hauteur`, dont les valeurs sont respectivement de `Bonjour` et `14`. Ces valeurs peuvent ensuite être récupérées par l'applet grâce à des méthodes spécifiques.

9.3 Interactions avec le logiciel de navigation

Tout programme Java est une classe. Une applet n'échappe pas à cette règle. Si l'on veut créer une applet, on doit étendre la classe `java.applet.Applet`. Cette classe contient les méthodes nécessaires à la gestion de l'applet, et à l'interaction de celle-ci avec son environnement, le logiciel de navigation.

Pour indiquer qu'un événement s'est produit, le browser appelle des méthodes bien connues de votre applet. Si vous voulez que celle-ci réagisse à de tels événements, il vous faut remplacer les méthodes de la classe `java.applet.Applet` par du code exécutant les instructions que vous désirez. Voyons les méthodes les plus importantes, que votre applet peut remplacer si nécessaire:

```
public void init()
```

Le browser fait appel à cette méthode après que l'applet ait été chargée (ou rechargée). Cette méthode devra charger les informations telles que images ou sons, et récupérer les paramètres présents dans la page HTML.

```
public void start()
```

Après avoir été initialisée, l'applet est démarrée, grâce à la méthode `start()`.

L'applet est également redémarrée après avoir été stoppée, lorsqu'elle est à nouveau visible.

```
public void stop()
```

Cette méthode permet à l'applet de s'arrêter lorsqu'elle n'est plus visible, parce que l'utilisateur a changé de page, par exemple.

```
public void destroy()
```

L'applet est détruite lorsque le browser s'arrête, ou avant que l'applet soit rechargée. Cette méthode doit être remplacée si on veut stopper des processus créés par `start()` de l'applet. Les processus seront traités dans un chapitre ultérieur.

```
public void paint(Graphics g)
```

Cette méthode est appelée chaque fois que l'applet est réaffichée. Le paramètre est de type `Graphics` et c'est la surface de dessin sur laquelle on doit travailler. Si vous voulez afficher du texte dans la zone de l'applet, vous devez l'afficher sur `g`. A tout moment, vous pouvez demander un réaffichage de l'applet en appelant `repaint()`. Cette méthode sera discutée en détail dans le chapitre suivant.

9.4 Une applet simple

Nous allons créer une applet qui affiche une chaîne de caractères en rouge. Il nous faut tout d'abord composer une page HTML pour la contenir. Recopiez le document suivant et enregistrez-le dans un fichier portant le nom `applet1.html`.

```
<HTML>
<HEAD>
<TITLE>Exemple d'applet</TITLE>
</HEAD>
<BODY>
<H1>Exemple d'applet</H1>
<applet code="applet1.class" width=100
       height=50>
Votre browser ne supporte pas les
applets !
</applet>
</BODY>
</HTML>
```

Le code source de l'applet est:

```
import java.awt.*;
import java.applet.*;

public class applet1 extends Applet {
  Font font;
  public void init() {
```

```
    font = new✂
      Font("TimesRoman",Font.PLAIN,20);
  }
  public void paint(Graphics g) {
    g.setFont(font);
    g.setColor(Color.red);
    g.drawString("Je suis une✂
      applet !",0,font.getSize());
  }
}
```

Après avoir compilé le code source, visualisez l'applet en tapant:

`appletviewer applet1.html`

Si vous possédez une version récente de Netscape Navigator (2.0 ou plus) ou de Microsoft Internet Explorer (3.0 ou plus), vous pouvez également vérifier que l'applet s'exécute correctement dans ces applications. Dans ce cas, chargez la page `applet1.html`.

Si tout se passe bien, voici ce que vous devriez voir apparaître dans l'`appletviewer` :

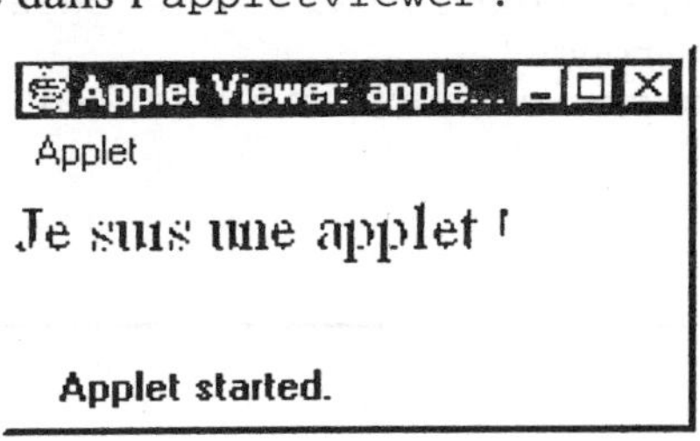

Etudions le fonctionnement de ce programme: lorsque le logiciel de navigation initialise l'applet, il appelle la méthode `init()`. Nous en profitons pour créer une instance de `Font` qui sera utilisée plus tard pour afficher le texte désiré. Chaque fois que le *browser* le demande par un appel à la méthode `paint(Graphics g)` de notre applet, nous affichons le texte "`Je suis une applet !`" en rouge, en utilisant la police de caractères créée lors de l'initialisation.

Voyons maintenant comment utiliser un paramètre pour stocker le texte à afficher. Il faut tout d'abord modifier le document HTML de la manière suivante:

```
<HTML>
<HEAD>
<TITLE>Exemple d'applet</TITLE>
</HEAD>
<BODY>
<H1>Exemple d'applet</H1>
<applet code="applet1.class" width=100✂
      height=50>
<param name="texte" value="Je suis✂
      en rouge">
Votre browser ne supporte pas les
applets !
</applet>
</BODY>
</HTML>
```

Il faut ensuite modifier le code de l'applet pour que le texte ne soit plus fixé comme auparavant, mais qu'il récupère la valeur du paramètre `texte` :

```
import java.awt.*;
import java.applet.*;

public class affTexte extends Applet {
  Font font;
  String texte;
  public void init() {
     font = new✂
        Font("TimesRoman",Font.PLAIN,20);
    texte = getParameter("texte");
    if (texte == null)
      texte = "paramètre texte✂
       non initialisé";
  }
  public void paint(Graphics g) {
    g.setFont(font);
    g.setColor(Color.red);
    g.drawString(texte,0,font.getSize());
  }
}
```

Voici une capture d'écran de cette applet, s'exécutant sous Windows 95.

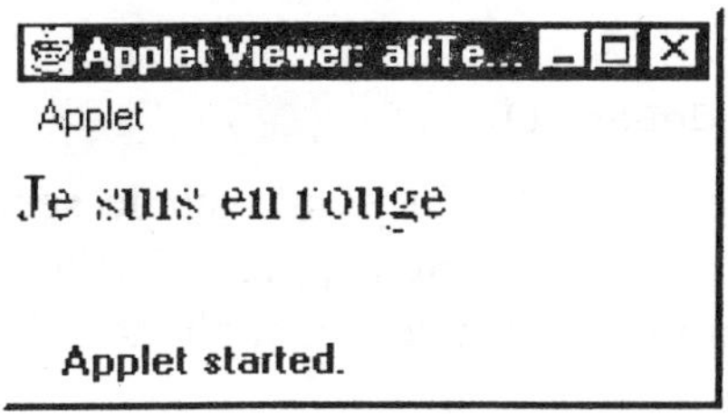

La méthode `getParameter(String)` récupère le paramètre contenu dans la page HTML. Dans tous les cas, il retourne une chaîne de caractères. Cela veut dire que si vous voulez passer un nombre en paramètre, vous devrez utiliser les classes *Type Wrappers* afin de convertir les `String` en nombres.

Si `getParameter(String)` ne trouve aucun paramètre portant le nom fourni entre parenthèses, il retourne null. C'est pour cette raison que l'on teste si `texte == null`.

9.5 Les méthodes importantes de la classe Applet

Voici une liste des méthodes les plus importantes de la classe Applet :

```
java.awt.Image getImage(java.net.URL)
```

... télécharge une image depuis le serveur d'où provient l'applet...

```
URL getCodeBase()
```

... retourne un URL qui pointe sur le serveur et le répertoire d'où provient l'applet. On l'utilise avec getImage, comme le prouve l'exemple donné ci-après.

`void showStatus(String)`

affiche un message dans la barre de statut de l'applet. En général, il s'agit de…

`String getAppletInfo()`

… vous devez masquer cette méthode si vous désirez fournir des informations concernant l'auteur, la version et le copyright de l'applet.

`String[][] getParameterInfo()`

vous devez masquer cette méthode si vous désirez fournir des informations concernant les paramètres reconnus par cette applet (grâce à `getParameter(String)`).

Le format de ce tableau est le suivant:

```
{{nom du paramètre, valeurs possibles,✂
      description},...}
```

`Dimension size()`

retourne la taille de l'applet (ou de tout composant, comme nous le verrons plus tard). La hauteur vaut `size().height`, et la largeur vaut `size().width`.

Voici un exemple d'applet qui utilise toutes ces méthodes:

```
import java.applet.*;
import java.net.*;
public class Intelligente extends Applet {
  static final String appletInfo =✂
      "A. Maret, 1997";
```

```
static final String[][] paramInfo =
    {
  {"texte", "texte", "message
    affiche dans l'applet"},
  {"statut", "texte", "message
    affiche dans la barre de statut"}
};
Font font;
String texte,statut;
Image image;

public void init() {
  font = new Font("TimesRoman",
    Font.PLAIN, 20);
  texte = getParameter("texte");
  statut = getParameter("statut");
  showStatus(statut);
  if (texte == null)
    texte = "paramètre texte
     non initialisé";
  if (statut == null)
    statut = "paramètre status
     non initialisé";
  try {
    image = getImage(new URL
     (getCodeBase(),"image.gif"));
  } catch (MalformedURLException e) {
  }
}
public void paint(Graphics g) {
  g.clearRect(0,0,size()
    .width,size().height);
g.drawImage(image,0,font.getSize(),this);
  g.setFont(font);
  g.setColor(Color.red);
```

```
    g.drawString(texte + " - "✂
      + size().height + "x" +✂
      size().width, 0, font.getSize());
  }
  public String getAppletInfo() {
    return appletInfo;
  }
  public String[][] getParameterInfo() {
    return paramInfo;
  }
}
```

Vous pouvez utiliser cette applet à partir d'une page HTML contenant:

```
<applet code="Intelligente.class"✂
      width=400 height=200>
<param name=texte value="Je suis une✂
      applet intelligente">
<param name=statut value="la ligne de✂
      statut est ici !">
</applet>
```

Si vous utilisez le JDK 1.1, il ne faut plus faire appel à `size()` mais à `getSize()`. Ce changement affecte deux lignes de notre programme, dont la ligne s'occupant de l'affichage de texte. Cette ligne devient:

```
g.drawString(texte + " - " +✂
getSize().height + "x" + getSize().✂
width, 0, font.getSize());
```

Si vous changez la taille de l'`appletviewer`, vous pouvez remarquer que le texte affiché change. Pour voir les informations concernant l'applet, utilisez l'option "Info" du menu "Applet" de l'appletviewer :

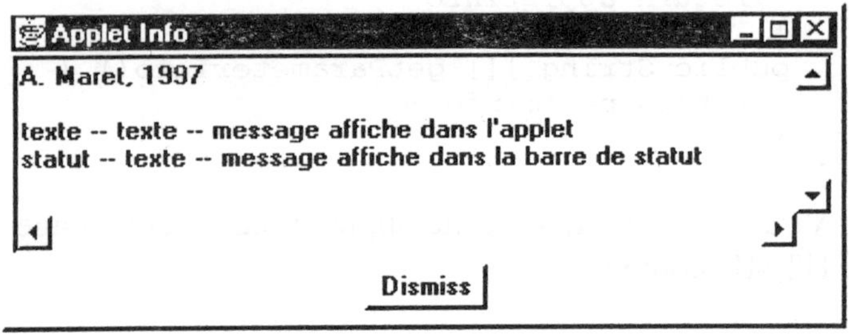

Pour voir les informations concernant l'applet, utilisez l'option "Info" du menu "Applet" de l'`appletviewer`. Il est possible que vous ne puissiez pas voir la ligne de statut si vous utilisez l'`appletviewer`, à cause d'un bug dans celui-ci. Si vous visualisez cette applet avec Internet Explorer ou Netscape Navigator, vous pouvez lire le message de statut tout en bas de la fenêtre. Enfin, en ce qui concerne l'image, vous pouvez vous poser des questions concernant le passage suivant:

```
try {
  image = getImage(new URL"
       (getCodeBase(),"image.gif"));
} catch (MalformedURLException e) {
}
```

Il faut, pour l'instant, ignorer la partie traitement de l'exception (en italique), que nous étudierons au chapitre 11.

9.6 Activité permanente

Que se passe-t-il si l'on veut que l'applet ait une activité permanente, comme par exemple une animation ? Toutes les applets s'exécutant dans le *browser* utilisent la même machine virtuelle Java. On ne peut donc pas créer une boucle dans la méthode `start()` pour effectuer une tâche, parce que l'on occuperait la MV (machine virtuelle). Il faut donc créer un processus ou *thread* afin d'autoriser l'exécution parallèle des multiples applets. Les processus sont traités dans un chapitre ultérieur, mais voici un exemple pour vous faire patienter. Cette applet fait clignoter du texte une fois par seconde:

```
import java.awt.*;
public class texteClign extends"
      java.applet.Applet implements✂
      Runnable {

  Thread tache;
  String lbl;
  Font font;
  boolean gris = false;

  public void init() {
    font = new✂
      java.awt.Font("TimesRoman",✂
      Font.PLAIN, 24);
    lbl = getParameter("lbl");
  }
  public void paint(Graphics g) {
```

```
    g.setFont(font);
    if (gris)
      g.setColor(Color.lightGray);
    else
      g.setColor(Color.black);
    g.drawString(lbl, 0, font.getSize());
  }
  public void start() {
    tache = new Thread(this);
    tache.start();
  }
  public void stop() {
    tache.stop();
  }
  public void run() {
    while (true) {
      try {
        Thread.sleep(500);✂
       // pause de 1/2 seconde
      } catch (InterruptedException e) {}
      gris = !gris;
      repaint(); // rafraichissement
    }
  }
}
```

Pour des explications complètes concernant les processus, veuillez consulter le chapitre 12.

10. AWT

10.1 Introduction

Le paquetage `java.awt` (*Abstract Windowing Toolkit*) fournit au programmeur toutes les classes nécessaires à la gestion de l'interface utilisateur. Cette librairie utilise le système graphique sous-jacent (Windows, MacOS, X-Window) pour afficher des objets graphiques tels que boutons, fenêtres, etc. Malgré tout, toute applet ou application fonctionnera indépendamment du système d'exploitation.

Nous recommandons au lecteur de consulter la documentation des API de Sun en parallèle à la lecture de ce chapitre. En effet, AWT comprend beaucoup de classes, chacune contenant une grande quantité de méthodes et il nous serait impossible de toutes les décrire.

Sun a complètement redéfini la gestion de fenêtrage dans la version 1.1 de Java. Malgré tout, ce chapitre se base sur la version 1.02, car cette version d'AWT est sensiblement plus facile à programmer que la nouvelle mouture.

10.2 La hiérarchie d'AWT

Les deux classes principales de AWT sont `Component` et `Container`. Chaque type d'objet de l'interface graphique (bouton, texte, case à cocher) est une classe dérivée de `Component`. La classe `Container`, qui hérite de `Component`, est capable de contenir des objets graphiques, c'est-à-dire tout objet héritant de la classe `Component`. Un `Container` peut par exemple contenir 2 boutons, 2 cases à cocher et un autre `Container`. Son représentant principal est la classe `Panel`, à laquelle nous nous intéresserons au début du chapitre suivant.

Voici une partie de la hiérarchie des classes AWT, qui font partie du paquetage `java.awt`:

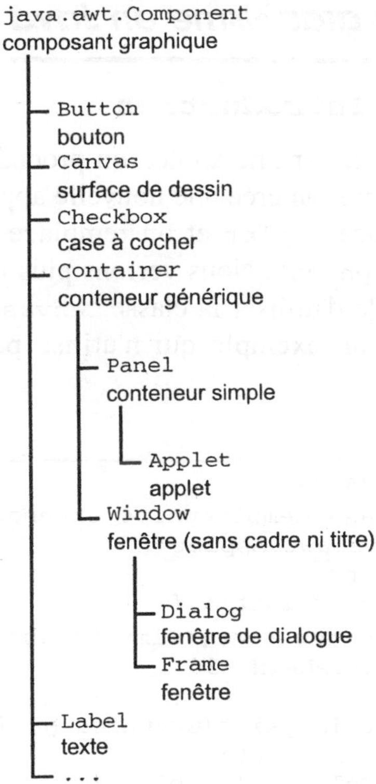

Il est très important de comprendre que le diagramme ci-dessus définit la hiérarchie des classes, c'est-à-dire les relations d'héritage. En effet, il existe une deuxième hiérarchie, interne à chaque application, qui définit l'imbrication des différents composants graphiques. Un panneau (`Panel`) peut contenir des boutons mais aussi d'autres panneaux qui contiennent par exemple des `Label`. Nous allons étudier cette hiérarchie dans la section suivante.

10.3 Le graphisme en Java

10.3.1 Introduction

Pour dessiner sur une applet, on procède de la manière suivante: on crée une nouvelle applet en étendant la classe `Applet` et on remplace la méthode `paint(Graphics)`. Nous verrons plus tard qu'il est recommandé d'utiliser la classe `Canvas` pour dessiner. Voici un exemple qui n'utilise pas la classe `Canvas` :

```
import java.awt.*;
public class demoGraphics extends✂
       java.awt.Applet {
   Font font;
   public void init() {
      font = new Font("TimesRoman",✂
         Font.PLAIN, 30);
   }
   public void paint(Graphics g) {
      g.setFont(font);
      g.setColor(Color.blue);
      g.drawString("Barré !", 0,✂
         font.getSize());
      g.setColor(Color.red);
      g.drawLine(0, 0, size().width,✂
         size().height);
      g.drawLine(size().width, 0, 0,✂
         size().height);
   }
}
```

Il est très important de comprendre comment fonctionne l'affichage. Chaque fois qu'une partie occultée de l'applet est à nouveau visible, le système de fenêtrage AWT appelle la méthode `paint(Graphics)`. L'objet de la classe `Graphics` qui est passé à la méthode `paint` est la surface de dessin de l'applet. Nous verrons plus tard qu'il est possible à tout moment de demander un réaffichage de l'applet, en appelant `repaint()`.

Toutes les primitives graphiques sont des méthodes de la classe `java.awt.Graphics`. Nous pouvons par exemple tracer des lignes, des cercles, écrire des textes ou encore afficher des images.

10.3.2 La classe Graphics

La classe `Graphics` comporte un nombre important de méthodes. Nous allons donner un aperçu des possibilités offertes par cette classe, car cet ouvrage n'est pas dédié au graphisme en Java. Voici un échantillon des méthodes de `Graphics` :

- **`drawLine(int x1, int y1, int x2, int y2)`**

  affiche une ligne de (x1,y1) à (x2,y2)

- **`drawString(String texte, int x, int y)`**

  affiche `texte` à (x,y)

- **`drawRect(int x1, int y1, int x2, int y2)`**

  affiche un rectangle de (x1,y1) à (x2,y2)

- **fillRect(int x1, int y1, int x2, int y2)**

  affiche un rectangle plein de (x1,y1) à (x2,y2)

- **drawImage(Image img, int x, int y, ImageObserver obs)**

  affiche l'image `img` aux coordonnées (x,y). On utilisera toujours `this` pour le paramètre `ImageObserver`.

- **drawOval(int x, int y, int largeur, int hauteur)**

  affiche un ovale de centre (x,y). Pour afficher un rond, utilisez la même valeur pour la `largeur` et la `hauteur`

- **fillOval(int x, int y, int largeur, int hauteur)**

  affiche un ovale plein de centre (x,y)

- **setColor(Color)**

  change la couleur courante

- **setBackground(Color)**

  change la couleur de fond (cette méthode est héritée de `Component`)

- **setFont(Font)**

  change la police de caractères courante

Toutes les méthodes utilisent la couleur courante. Pour tracer un rectangle rouge, on doit d'abord changer la couleur courante avec `setColor(...)` et on trace ensuite le rectangle avec `drawRect(...)`.

10.3.3 La classe Color

La classe `Color` contient toutes les primitives nécessaires à la gestion des couleurs en Java. Lorsque l'on instancie `Color`, on doit fournir les valeurs RGB de la couleur, c'est-à-dire les 3 composantes que sont le rouge, le vert et le bleu. On peut fournir ces 3 composantes de plusieurs manières différentes, car la classe `Color` offre plusieurs constructeurs.

Nous allons nous intéresser à deux d'entre eux:

- `Color(int,int,int)`

Les trois paramètres sont rouge, vert, bleu. Pour les 3 composantes, la valeur doit être comprise entre 0 et 255. Représentons les couleurs bleue et blanche:

```
Color bleu = new Color(0,0,255);

Color blanc =✂
 new Color(255,255,255);
```

- `Color(float,float,float)`

Les trois composantes doivent ici être comprises entre 0.0 et 1.0. Pour créer les couleurs rouge et grise:

```
Color rouge = new✂
 Color(1.0f, 0.0f, 0.0f);

Color gris =✂
 new Color(0.5f, 0.5f, 0.5f);
```

Un certain nombre de couleurs standard sont reconnues, vous évitant donc d'avoir à trouver les bons dosages de rouge, vert et bleu.

Il s'agit d'objets statiques, que l'on peut utiliser au lieu d'instancier un nouvel objet `Color` :

`Color.white`	blanc
`Color.lightGray`	gris clair
`Color.gray`	gris
`Color.darkGray`	gris foncé
`Color.black`	noir
`Color.pink`	rose
`Color.magenta`	magenta
`Color.blue`	bleu
`Color.cyan`	cyan
`Color.green`	vert
`Color.yellow`	jaune
`Color.orange`	orange
`Color.red`	rouge

Si l'on veut changer la couleur courante en blanc, dans `paint(Graphics g)`:

```
Color blanc = new Color(1.0f, 1.0f, 1.0f);
g.setColor(blanc);
```

Ou en utilisant les couleurs standard:

```
g.setColor(Color.white);
```

10.3.4 La classe Font

Lorsque l'on désire afficher un message dans une applet, on utilise la méthode:

`Graphics.drawString(String,int,int).`

Cette méthode utilise la police de caractères sélectionnée précédemment à l'aide de:

`Graphics.setFont(Font).`

Le constructeur de `Font` est:

```
Font(String nom,int style,int taille)
```

Le premier paramètre est le nom de la police. Comme les programmes Java doivent pouvoir s'exécuter sur un grand nombre de plate-formes, on doit faire attention à utiliser des polices répandues ou une police de la liste retournée par `Toolkit.getFontList()`.

Exemple:

```
import java.awt.*;
public class ListePolices extends✂
       java.applet.Applet {
  public void init() {
    String polices[] =✂
       getToolkit().getFontList();
    for (int i = 0;i < polices.length;i++)
      System.out.println(polices[i]);
  }
}
```

Typiquement, vous pouvez utiliser les **polices** suivantes:

- Dialog
- Helvetica
- TimesRoman
- Courier
- DialogInput
- ZapfDingbats

Le deuxième paramètre du constructeur de `Font` est le style. On peut utiliser les constantes suivantes:

- **`Font.PLAIN`**

  texte normal

- **`Font.BOLD`**

  texte gras

- **`Font.ITALIC`**

  texte italique

On peut combiner les différentes constantes pour obtenir du texte gras italique, comme nous le verrons dans l'exemple qui clôture cette section.
Le troisième paramètre du constructeur est la taille de la police, en pixels.

Exemple d'utilisation de `Font` :

```
import java.awt.*;
public class demoGraphics extends✂
     java.awt.Applet {
  public void paint(Graphics g) {
    Font font;
    font = new Font("TimesRoman",✂
       Font.PLAIN, 14);
    g.setFont(font);
    g.drawString("texte normal",0,20);
    font = new Font("TimesRoman",✂
       Font.BOLD, 14);
    g.setFont(font);
    g.drawString("texte gras",0,40);
    font = new Font("TimesRoman",✂
       Font.ITALIC, 14);
    g.setFont(font);
    g.drawString("texte italique",0,60);
    font = new Font("TimesRoman",✂
       Font.ITALIC+Font.BOLD, 14);
    g.setFont(font);
    g.drawString("texte gras✂
       italique",0,80);
  }
}
```

10.4 Les éléments de l'interface graphique

10.4.1 Panel et Applet

Comme nous l'avons vu, tous les objets dérivés de `Container` peuvent contenir des composants (`Component`) ou éléments d'interface. Etant donné que la classe `Panel` est une sous-classe de `Container`, on peut y insérer des éléments graphiques. L'insertion se fait grâce à la méthode `add(Component)` de `Container`. Dans l'exemple suivant, on crée un Panel dans lequel on ajoute deux boutons (nous reviendrons plus tard sur le bouton lui-même):

```
Panel p = new Panel();
Button b1 = new Button("1");
p.add(b1);
Button b2 = new Button("2");
p.add(b2);
```

Si l'on regarde encore la hiérarchie des classes, on remarque que la classe `java.applet.Applet` est dérivée de `java.awt.Panel`. Cela signifie qu'une applet peut contenir des composants d'interface tout comme le ferait un panneau.

Voyons comment déclarer une applet qui contient un bouton:

```
import java.awt.*;
public class demoPanel1 extends✂
       java.applet.Applet {
  public void init() {
    Button b = new Button("bouton !");
    add(b);
  }
}
```

La méthode `add(...)` est en fait héritée de `java.awt.Container`. Voyons les différentes manières que l'on a à disposition pour créer un objet graphique et pour l'insérer dans une applet:

```
import java.awt.*;
public class demoApplet1 extends✂
       java.applet.Applet {
  Button b1;
  Button b4;
  public void init() {
    b1 = new Button("Premier");
    add(b1);
    Button b2 = new Button("Deuxième");
    add(b2);
    add(new Button("Troisième");
    add(b4 = new Button("Dernier"));
  }
}
```

On remarque dans ce programme que les 3 boutons sont déclarés de manières légèrement différentes:

- l'objet `b1` est un objet global, donc visible dans toute l'applet
- `b2` est local à la méthode `init()`
- le troisième bouton est créé au moment de l'insertion. On ne garde aucune référence sur cet objet au niveau de l'applet `troisBouton`
- la déclaration du dernier bouton est strictement équivalente à la déclaration du premier

Dans le cas de cette applet, ces 4 façons sont équivalentes. Il faut faire attention à ne pas oublier d'ajouter les éléments avec `add(...)`, car il ne suffit pas d'instancier un bouton pour qu'il apparaisse.

Nous aurions également pu insérer dans cette applet un Panel qui contient des boutons, ainsi que d'autres éléments que nous allons étudier. La classe `Panel` sera étudiée plus tard, car elle n'est réellement utile qu'en conjonction avec les gestionnaires de mise en page.

10.4.2 Label

Le `Label` est l'élément visuel le plus simple. Il permet d'afficher un texte, mais il n'est pas interactif. On peut modifier le texte d'un `Label` en appelant sa méthode `setText(String)` :

```
Label l = new Label("Le texte");
l.setText("le nouveau texte");
```

10.4.3 Button

Un bouton permet de déclencher un événement, que l'on pourra ensuite détecter afin d'exécuter les instructions désirées. Nous étudierons les événements un peu plus loin dans ce chapitre. Pour l'instant, nous nous contenterons de créer des boutons. Exemplede bouton :

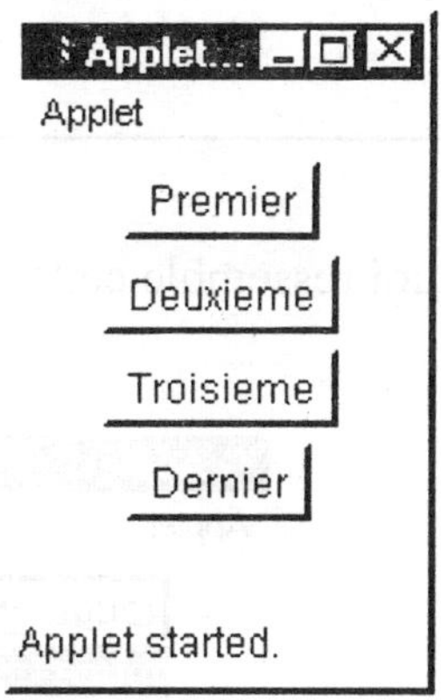

Exemplede code :

```
Button b = new Button("CLICK !!");
b.setLabel("CLIQUEZ-MOI !");
```

10.4.4 Choice

L'élément `Choice` permet à l'utilisateur de choisir une valeur parmi une liste. Exemple:

```
import java.awt.*;
public class demoChoice extends✂
      java.applet.Applet {
  Choice choix;
  public void init() {
    choix = new Choice();
    choix.addItem("rouge");
    choix.addItem("vert");
    choix.addItem("bleu");
  }
  afficheSelection() {
    System.out.println(choix.get"
      SelectedItem());
  }
  // ...
}
```

Voilà à quoi ressemble cette applet sous Windows :

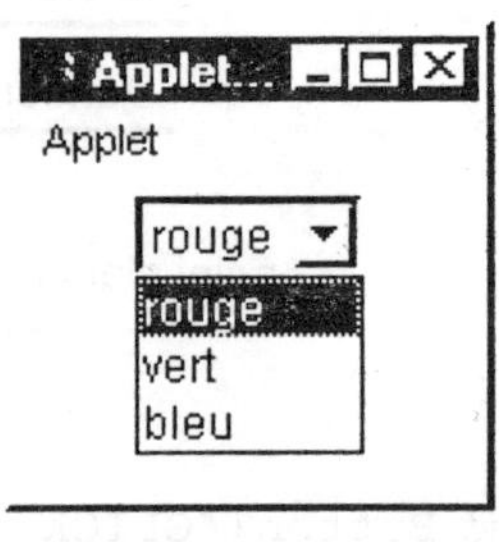

Le lecteur attentif aura remarqué qu'il manque une partie de la "mécanique" de cette applet. En effet, on ne fait jamais appel à `afficheChoix()`. Cette mécanique sera traitée au point 10.6.

10.4.5 List

L'objet `List` affiche une liste de choix dans un cadre. Il diffère de `Choice` en deux points: List peut afficher plusieurs lignes et permet la sélection de plusieurs éléments. Exemple de liste sous Windows :

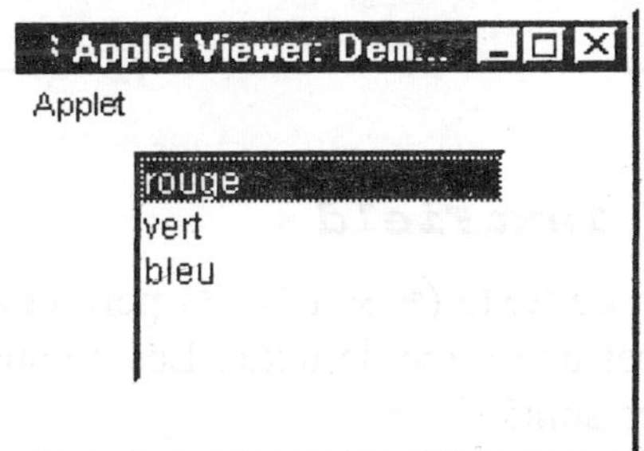

Le constructeur le plus intéressant est `List(int,boolean)`. Le premier paramètre définit le nombre de lignes qui seront affichées, et la valeur indique si l'on autorise la sélection multiple ou non. Une fois l'instance créée, on ajoute des propositions avec `addItem(String)`. Exemple:

```
import java.awt.*;
public class demoList extends✂
        java.applet.Applet {
  List liste;
  public void init() {
    liste = new List(5,false);
    liste.addItem("rouge");
    liste.addItem("vert");
    liste.addItem("bleu");
  }
  afficheSelection() {
    System.out.println(liste.get"
      SelectedItem());
  }
  // ...
}
```

10.4.6 TextField

Un champ de texte (`TextField`) permet à l'utilisateur d'entrer une ligne de texte. Les 4 constructeurs disponibles sont:

- `TextField()`
- `TextField(int)`
- `TextField(String)`
- `TextField(String,int)`

La chaîne de caractères contient le texte initial du champ et le nombre entier (`int`) détermine la longueur du champ, c'est-à-dire le nombre de caractères visibles.

Il est possible de changer le "caractère d'écho" d'un `TextField`, c'est-à-dire le caractère qui est affiché lorsque l'on modifie le texte. Normalement, si vous tapez "`Message`", on pourra lire "`Message`" dans l'élément `TextField`.

Si l'on avait remplacé le caractère d'écho par un astérisque, on aurait pu lire `"*******"`. C'est une propriété intéressante si l'on veut faire entrer un mot de passe. La méthode à utiliser est setEchoChar(char). On remarquera que le paramètre est un caractère, et pas une chaîne, ce qui nous oblige à placer le caractère entre apostrophes.

Exemple:

```
champ.setEchoChar('*');
```

La méthode `getText()`, qui est en fait héritée de `TextComponent`, retourne le texte affiché dans le champ. Nous allons voir comment créer une applet qui affiche deux champs texte, comme ci-dessous :

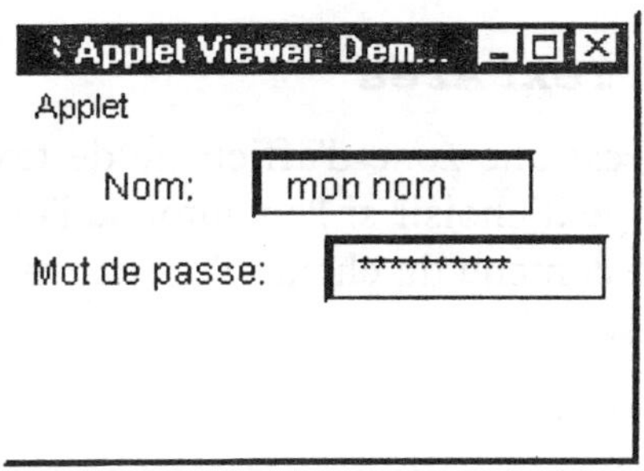

Exemple:

```
import java.awt.*;
public class demoTextField extends✂
       java.applet.Applet {
  TextField nom;
  TextField motPasse;
  public void init() {
    add(new Label("Nom:"));
    nom = new TextField(10);
    add(nom);
    add(new Label("Mot de passe:"));
    motPasse = new TextField(10);
    motPasse.setEchoChar('*');
    add(motPasse);
  }
  afficheInfos() {
 System.out.println("Nom:"+nom.getText());
    System.out.println("Mot de✂
       passe:"+motPasse.getText());
  }
  // ...
}
```

10.4.7 TextArea

`TextArea` est une zone d'affichage de texte multi-lignes. On peut choisir si l'on autorise l'utilisateur à modifier le contenu du champ. Les constructeurs de `TextArea` sont:

- `TextArea()`
- `TextArea(int,int)`

- `TextArea(String)`
- `TextArea(String,int,int)`

Les deux paramètres entiers sont le nombre de lignes et le nombre de colonnes (caractères par ligne), tandis que la chaîne de caractères contient le texte à afficher.

Tout comme `TextField`, `TextArea` hérite de `TextComponent` et donc de la méthode `getText()`.

Exemple:

```
import java.awt.*;
public class demoTextArea extends✂
      java.applet.Applet {
  TextArea comment;
  public void init() {
    add(new Label("Commentaires"));
    comment = new TextArea("pas de✂
       commentaires",5,10);
    add(comment);
  }
  afficheCommentaires() {
    System.out.println("Commentaires");
    System.out.println(comment.getText());
  }
  // ...
}
```

Cette applet s'affiche de la manière suivante :

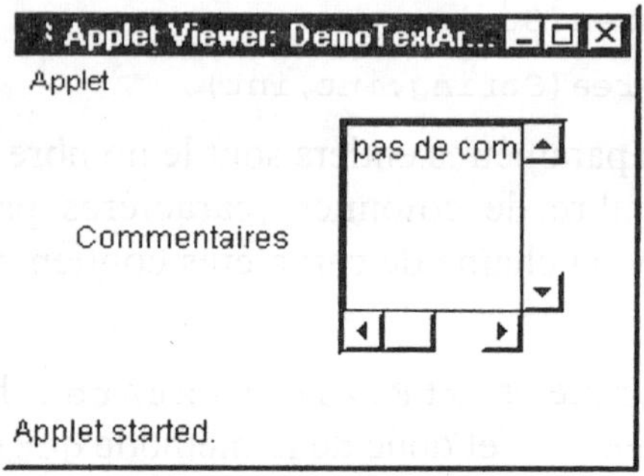

On peut utiliser la méthode `setEditable(boolean)`, héritée de `TextComponent`, pour choisir si l'on autorise l'utilisateur à modifier le contenu du champ. En invoquant `setEditable(true)`, on autorise l'utilisateur à modifier le champ. Pour ajouter du texte à un composant `TextArea` existant, on utilise `appendText(String)`. Voici comment utiliser un élément `TextArea` pour afficher du texte non modifiable:

```
import java.awt.*;
public class demoTextArea extends✂
      java.applet.Applet {
  TextArea msg;
  public void init() {
    add(new Label("Messages"));
    msg = new TextArea(5,10);
    msg.setEditable(false);
    add(msg);
  }
  affiche(String texte) {
    msg.appendText(texte);
  }
  // ...
}
```

10.4.8 Checkbox

L'élément `Checkbox`, ou case à cocher en français, est un des éléments les plus complexes. Chaque `Checkbox` représente un état booléen, vrai ou faux selon qu'il est coché ou non. C'est également grâce à cet élément que l'on construit des boutons radio. Il est peut-être nécessaire de rappeler la différence entre les boutons radio et les cases à cocher: l'utilisateur à qui l'on présente 3 cases à cocher peut en cocher 1, 2 ou 3, ou même aucune. Par contre, si l'on propose à cet utilisateur 3 boutons radio, il ne pourra en choisir qu'un.

Exemple: si la question à laquelle doit répondre l'utilisateur est "Avez-vous des enfants", on peut créer un bouton radio avec comme choix "oui" et "non". Mais l'utilisateur ne doit pas être en mesure de choisir "oui" et "non". Voici comment une telle question est posée sous Windows :

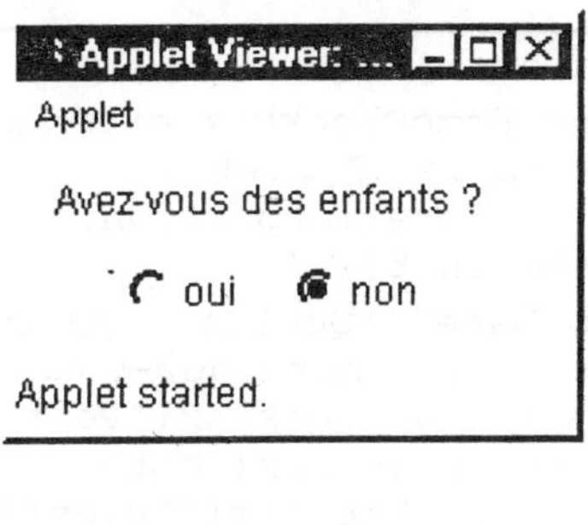

Autre exemple: la question est "Quel(s) type(s) de véhicule(s) possédez-vous ?" et les réponses proposées sont "voiture", "moto" et "avion". L'utilisateur doit en effet pouvoir cocher les 3 propositions. Il s'agit donc de 3 cases à cocher indépendantes. Typiquement, les cases à cocher prennent cet aspect:

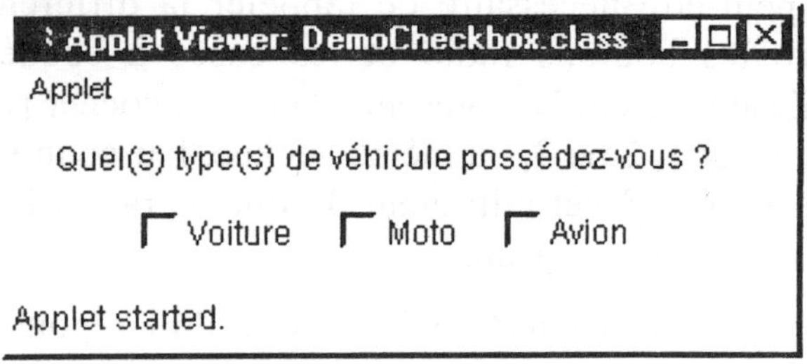

Voyons comment réaliser ce petit questionnaire, en commençant par cette dernière question:

```
import java.awt.*;
public class demoCheckbox extends✂
      java.applet.Applet {
  Checkbox voiture,moto,avion;
  public void init() {
    add(new Label("Quel(s) type(s) de✂
       véhicule(s) possédez-vous ?"));
    voiture = new Checkbox("Voiture");
    moto = new Checkbox("Moto");
    avion = new Checkbox("Avion");
  }
  afficheReponses() {
    if (voiture.getState())
```

```
        System.out.println("vous✂
         possédez une voiture");
     if (!moto.getState())
        System.out.println("la moto est✂
         parfois pratique");
     if (avion.getState())
        System.out.println("waow !");
  }
  // ...
}
```

La méthode `Checkbox.getState()` retourne `true` si la case est cochée, `false` dans le cas contraire.

Et voyons maintenant comment créer le bouton radio pour la question "Avez-vous des enfants ?". Dans un bouton radio, toutes les réponses sont liées par une règle: il ne peut y avoir deux cases cochées au même moment, en effet, "oui" et "non" ne peuvent être activées en même temps. Pour s'assurer de cette contrainte, pour chaque question on crée un objet `CheckboxGroup` qui définit un groupe de réponses. Deux cases faisant partie du même groupe ne peuvent être cochées en même temps.

Exemple:

```
import java.awt.*;
public class demoCheckboxGroup extends✂
      java.applet.Applet {
  CheckboxGroup enfants;
  public void init() {
```

```
    add(new Label("Avez-vous des✂
      enfants ?"))
    enfants = new CheckboxGroup();
    Checkbox oui = new✂
      Checkbox("oui",enfants,false);
    Checkbox non = new✂
      Checkbox("non",enfants,true);
    add(oui);
    add(non);
  }
  afficheReponse() {
    Checkbox cb = enfants.getCurrent();
    if (cb.getLabel().equals("oui"))
      System.out.println("vous avez✂
      des enfants");
  }
  // ...
}
```

La méthode `getCurrent()` de la classe `CheckboxGroup` retourne l'objet `Checkbox` correspondant à la réponse sélectionnée. On utilise ensuite la méthode `getLabel()` de `Checkbox` pour lire le texte de la réponse.

Une autre possibilité consiste à garder une référence sur toutes les instances de `Checkbox`, puis de comparer l'objet retourné par

`CheckboxGroup.getCurrent()`.

Exemple:

```
import java.awt.*;
public class demoCheckboxGroup extends✂
      java.applet.Applet {
  CheckboxGroup enfants;
  Checkbox enfantsOui,enfantsNon;
  public void init() {
    add(new Label("Avez-vous✂
       des enfants ?"))
    enfants = new CheckboxGroup();
    enfantsOui = new✂
       Checkbox("oui",enfants,false);
    enfantsNon = new✂
       Checkbox("non",enfants,true);
    add(oui);
    add(non);
  }
  afficheReponse() {
    if (enfants.getCurrent() ==✂
       enfantsOui)
      System.out.println("vous avez✂
       des enfants");
  }
  // ...
}
```

10.4.9 Canvas

On peut dessiner sur tout composant AWT, mais on utilise généralement un canevas (`Canvas`) lorsqu'on ne dessine pas directement sur le fond de l'applet. Le canevas, appelé aussi toile de fond, est une surface de dessin. La différence avec ces éléments "classiques" est que lorsque l'on désire dessiner sur un canevas, on doit étendre la classe `Canvas` pour en modifier la méthode `paint(Graphics)`. Pour dessiner sur une applet, on procède de la même manière: on étend la classe `Applet` et on modifie la méthode `paint(Graphics)`.

Dans l'exemple suivant, nous utilisons cette solution, on dessine directement sur le fond de l'applet:

Dans l'exemple suivant, nous apprenons à utiliser la classe `Canvas`.

Visuellement, le résultat est identique au premier exemple où l'on dessinait directement sur le fond de l'applet.

Voici le code source:

```
import java.awt.*;
import java.applet.Applet;
class CanvasBarre extends Canvas {
  Font font;
  CanvasBarre(Dimension d) {
    super();
    font = new Font("TimesRoman",✂
      Font.PLAIN, 30);
    resize(d);
  }
  public void paint(Graphics g) {
    g.setFont(font);
    g.setColor(Color.blue);
```

```
    g.drawString("Barré !", 0,✂
       font.getSize());
    g.setColor(Color.red);
    g.drawLine(0, 0, size().width,✂
       size().height);
    g.drawLine(size().width, 0, 0,✂
       size().height);
  }
}
public class demoCanvas extends Applet {
  public void init() {
    add(new CanvasBarre(size()));
  }
}
```

Lorsque vous exécuterez cette applet, vous pourrez voir ceci :

Ce programme est légèrement plus complexe, mais il est également nettement mieux construit. Nous allons tout d'abord étudier la classe `canvasBarre`. Le constructeur prend un paramètre de la classe `Dimension`. Il s'agit simplement d'un objet qui stocke une hauteur et une largeur. En effet, lorsque l'on crée un canevas, il est nécessaire d'indiquer sa taille, tout comme on indique la taille d'une applet dans la page HTML qui la contient. Nous utilisons la méthode `resize(Dimension)` pour changer la taille du canevas, à la fin du constructeur. La méthode `paint(Graphics)` est la même que dans le programme précédent.

Nous allons maintenant regarder le code de l'applet, qui est très simple. Nous utilisons la taille de l'applet, retournée par `size()`, pour instancier CanvasBarre. CanvasBarre est un objet graphique comme un autre: on l'ajoute de la même façon que l'on ajoute un bouton. D'ailleurs, rien ne vous empêche de l'ajouter entre un `Label` et un `Button`.

10.5 Les gestionnaires de mise en page

10.5.1 Introduction

L'insertion de tous les éléments de l'interface, comme les listes et les boutons, se fait de manière dynamique, lors de l'exécution. Pour définir l'apparence de l'interface graphique, on utilise un gestionnaire de mise en page (*layout manager*). Celui-ci définit la disposition de chaque composant graphique lors de son insertion.

Il existe plusieurs gestionnaires de mise en page, chacun positionnant différemment les éléments graphiques, selon un algorithme qui leur est propre. Tous les gestionnaires de mise en page implémentent l'interface `java.awt.LayoutManager`.

Pour sélectionner un gestionnaire de mise en page, on utilise la méthode `setLayout(LayoutManager)` de la classe `Container`. On ajoute ensuite les éléments avec la méthode `add(Component)`, ou éventuellement `add(String,Component)`, la chaîne de caractères contenant les paramètres supplémentaires.

Nous ne rentrerons pas dans les détails de l'interface graphique, mais il est important de comprendre que chaque élément (bouton, label, etc.) a une taille minimum et une taille préférée. Si l'on prend un bouton, sa taille minimum est définie de telle manière que le texte qui s'y trouve inscrit soit visible en entier, de même pour sa taille préférée. On peut imaginer un élément dont la taille minimum est différente de la taille préférée, comme par exemple un compteur à aiguille. Pour être lisible, il faut que sa taille soit d'au moins 20x20 pixels, et pour être beau il faut que sa taille soit supérieure à 100x100. Dans ce cas, la taille préférée est de 100x100.

10.5.2 FlowLayout

C'est la disposition par défaut, celle qui sera utilisée si l'on ne choisit pas un autre gestionnaire. Le principe est très simple: tous les éléments sont mis côte à côte, de gauche à droite. Lorsqu'il n'y a plus assez de place pour ajouter un élément, on passe à la ligne suivante. Chaque ligne est centrée par défaut.

Tous les exemples donnés jusqu'à présent utilisent `FlowLayout` pour la mise en forme, nous ne donnerons donc pas d'exemple pour ce gestionnaire.

10.5.3 BorderLayout

Lorsque l'on utilise `BorderLayout`, on peut placer les éléments dans 5 zones différentes: "`North`", "`South`", "`East`", "`West`" et "`Center`" (nord, sud, est, ouest et centre).

Exemple:

```
import java.awt.*;
public class demoBorderLayout extends✂
      java.applet.Applet {
  public void init() {
    setLayout(new BorderLayout());
    add("North",new Button("bouton✂
       nord"));
    add("South",new Button("bouton sud"));
    add("East",new Button("bouton est"));
    add("West",new Button("bouton✂
       ouest"));
    add("Center",new Button("BOUTON✂
       CENTRAL"));
  }
}
```

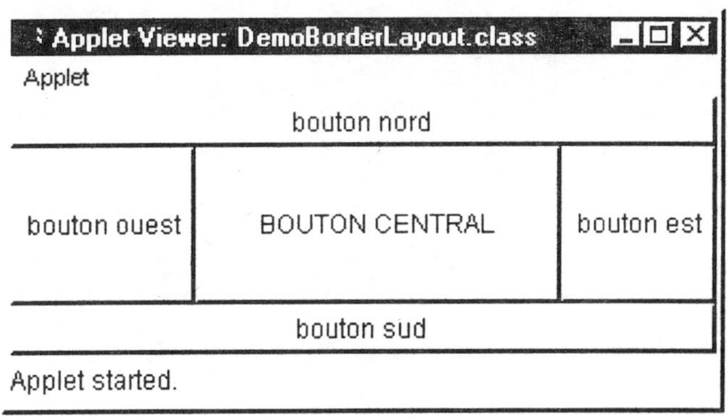

La taille des zones externes prend la taille préférée des éléments qu'on y place, alors que la zone centrale occupe la place restante. C'est la raison pour laquelle le bouton central est plus gros que les autres.

Cette disposition est souvent utilisée dans les applications standard: on place la barre d'icônes au nord et la barre de statut au sud, tandis que la zone centrale contient le document.

10.5.4 GridLayout

C'est grâce au gestionnaire `GridLayout` que l'on peut créer une grille. Lorsque l'on instancie `GridLayout`, on doit spécifier le nombre de lignes et de colonnes. Les éléments sont ajoutés dans la grille de gauche à droite, de haut en bas.

Exemple:

```
import java.awt.*;
public class demoGridLayout extends
        java.applet.Applet {
  public void init() {
    // 4 lignes x 3 colonnes
    setLayout(new GridLayout(4,3));
    for (int num = 1;num <= 9;num++)
      add(new
Button(Integer.toString(num)));
    add(new Button("*"));
    add(new Button("0"));
    add(new Button("#"));
  }
}
```

Voici ce que donne l'exécution de cette applet :

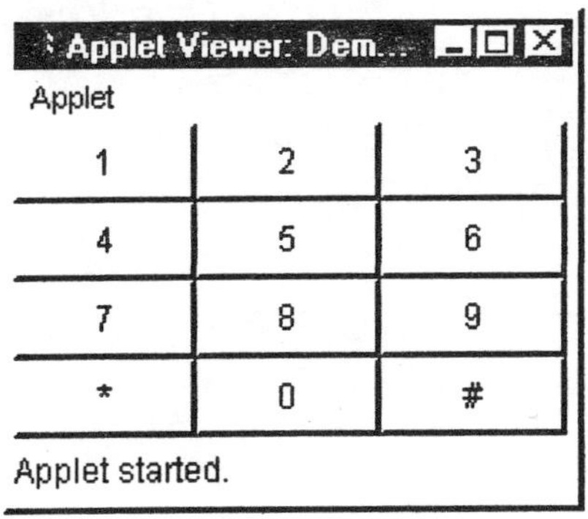

On utilise une boucle `for` pour créer les boutons de 1 à 9, car le code est beaucoup plus court que si l'on écrivait 9 fois `add(new Button("..."));`. Nous utilisons `Integer.toString(num)` pour convertir le nombre entier (`int`) en chaîne de caractères, car la classe `Button` n'a pas de constructeur `Button(int)` mais seulement `Button(String)`.

10.5.5 GridBagLayout

La classe `GridBagLayout` est la plus puissante des gestionnaires de mise en page mais elle est également difficile à utiliser. Généralement, à partir d'un certain niveau de complexité, on utilise une application pour générer l'interface graphique. On évite alors d'écrire le code dont la tâche est l'insertion des éléments dans l'applet.

10.5.6 La classe Panel

Le programme suivant utilise plusieurs gestionnaires de mise en page, ainsi qu'un certain nombre d'éléments d'interface:

```
import java.awt.*;
import java.applet.*;

public class demoLayoutCombine extends✂
      Applet {

  TextField noSelect;
  List liste;

  public void init() {
    setLayout(new GridLayout(1,3));

    Panel panContr = new Panel();
    Panel panSelec = new Panel();
    Panel panNumer = new Panel();

    panContr.add(new Label("Compose✂
       le : "));
    noSelect = new TextField(15);
    panContr.add(noSelect);
    panContr.add(new Button("Compose !"));
    panContr.add(new Button("Efface"));
    add(panContr);

    panSelec.setLayout(new✂
       BorderLayout());
    panSelec.add("North",new✂
       Label("Selection abregee"));
    liste = new List(5,false);
```

```
        liste.addItem("premier");
        liste.addItem("deuxieme");
        liste.addItem("troisieme");
        liste.addItem("quatrieme");
        liste.addItem("cinquieme");
        liste.addItem("sixieme");
        liste.addItem("septieme");
        liste.addItem("avant-dernier");
        liste.addItem("dernier");
        panSelec.add("Center",liste);
        panSelec.add("South",new✂
          Button("Copie"));
        add(panSelec);

        panNumer.setLayout(new✂
          GridLayout(4,3));
        for (int num = 1;num <= 9;num++)
          panNumer.add(new✂
          Button(Integer.toString(num)));
        panNumer.add(new Button("*"));
        panNumer.add(new Button("0"));
        panNumer.add(new Button("#"));
        add(panNumer);
    }
}
```

Si l'on regarde le code source, on voit que la première opération consiste à diviser la surface de l'applet en une grille de 1 ligne de 3 colonnes, soit en 3 cases égales. On utilise le gestionnaire de mise en page par défaut (`FlowLayout`) pour la première case. La case du milieu utilise `BorderLayout`, qui nous permet de placer le bouton "`Copie`" en bas.

Pour la troisième case, à droite, nous construisons une grille de 4 lignes de 3 colonnes, que l'on remplit de boutons. Visuellement, on comprend très facilement l'avantage de pouvoir choisir le gestionnaire de mise en page adéquat :

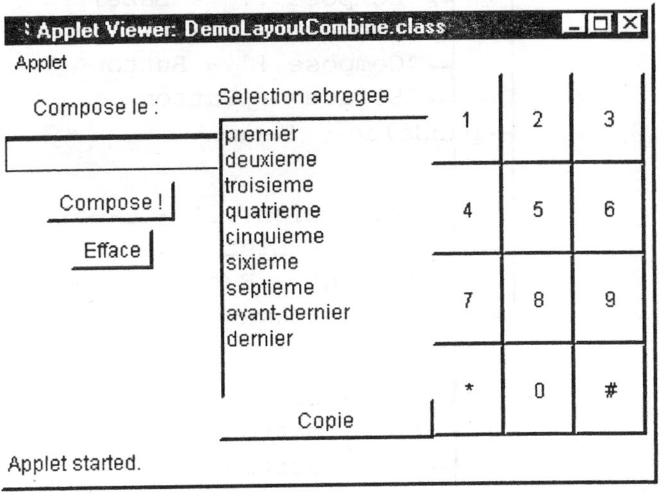

Nous avons créé une hiérarchie de composants. L'applet contient trois panneaux. Ces trois panneaux contiennent des boutons et d'autres éléments. Voici une représentation de cette hiérarchie:

```
demoLayoutCombine - Applet
   |
   |-panContr - Panel
   |    |
   |    |- "Compose..." - Label
   |    |- noSelect - TextField
   |    |- "Compose !" - Button
   |    |_ "Effače" - Button
   |-panSelec - Panel
   |    |
   |    |- "Selection..." - Label
   |    |- liste - List
   |    |_ "Copie" - Button
   |_panNumer - Panel
        |
        |- "1" - Button
        |- "2" - Button
        |- ... - Button
        |- "*" - Button
        |- "0" - Button
        |_ "#" - Button
```

Pour chaque composant présent dans l'applet, nous avons à gauche l'identificateur de l'élément, ou son nom, suivi de sa classe.

10.5.7 Créer de nouveaux composants à partir de Panel

L'exemple donné dans la précédente section ne tire pas profit de la programmation orientée objet. En effet, si deux applets distinctes désirent utiliser le panneau de numérotation (`panNumer`), il faudra recopier le code pour pouvoir l'utiliser. En Java, on peut étendre la classe `Panel` pour créer de nouveaux objets graphiques plus complexes.

Voici le programme précédent "retravaillé":

```
import java.awt.*;
import java.applet.*;

class PanneauControle extends Panel {
  TextField noSelect;
  PanneauControle() {
    add(new Label("Compose le : "));
    noSelect = new TextField(15);
    add(noSelect);
    add(new Button("Compose !"));
    add(new Button("Efface"));
  }
}
class PanneauSelection extends Panel {
  List liste;
  PanneauSelection() {
    setLayout(new BorderLayout());
    add("North",new Label("Selection✂
      abregee"));
    liste = new List(5,false);
    liste.addItem("premier");
```

```
    liste.addItem("deuxieme");
    liste.addItem("troisieme");
    liste.addItem("quatrieme");
    liste.addItem("cinquieme");
    liste.addItem("sixieme");
    liste.addItem("septieme");
    liste.addItem("avant-dernier");
    liste.addItem("dernier");
    add("Center",liste);
    add("South",new Button("Copie"));
  }
}
class PanneauNumerotation extends Panel {
  PanneauNumerotation() {
    setLayout(new GridLayout(4,3));
    for (int num = 1;num <= 9;num++)
      add(new✂
       Button(Integer.toString(num)));
    add(new Button("*"));
    add(new Button("0"));
    add(new Button("#"));
  }
}
public class demoLayoutCombine2 extends✂
      Applet {
  public void init() {
    setLayout(new GridLayout(1,3));
    add(new PanneauControle());
    add(new PanneauSelection());
    add(new PanneauNumerotation());
  }
}
```

Nous avons créé trois classes — `PanneauControle`, `PanneauSelection` et `PanneauNumerotation` — qui pourront être réutilisées dans une autre application, ce qui est un énorme avantage. Le deuxième avantage est que chaque classe est plus courte, donc plus facile à comprendre et à entretenir.

Voici la hiérarchie des composants de cette applet:

```
demoLayoutCombine2 - Applet
 |
 |
 |--pas de nom - PanneauControl
 |        |
 |        |
 |        |-- "Compose..." - Label
 |        |-- noSelect - TextField
 |        |-- "Compose !" - Button
 |        |-- "Efface" - Button
 |--pas de nom - PanneauSelectio
 |        |
 |        |
 |        |-- "Selection..." - Label
 |        |-- liste - List
 |        |-- "Copie" - Button
 |--pas de nom - PanneauNumerotatio
          |
          |
          |-- "1" - Button
          |-- "2" - Button
          |-- ... - Button
          |-- "*" - Button
          |-- "0" - Button
          |-- "#" - Button
```

10.6 Les événements et les actions

10.6.1 Introduction

Jusqu'à présent, nous avons vu comment créer des boutons, des champs de texte ou même des modules plus complexes. Il nous faut maintenant étudier le système qui permet de prendre en compte les interactions de l'utilisateur, comme par exemple détecter lorsque celui-ci presse un bouton de la souris, une touche du clavier, ou qu'il clique sur un bouton de l'interface. Toutes ces interactions avec le système de fenêtrage sont appelées événements. On dit que l'on "traite un événement" lorsqu'on prend en compte celui-ci et que l'on exécute des actions en conséquence. La méthode qui traite l'événement est également appelée gestionnaire d'événement.

La classe `Event` du paquetage `java.awt` est capable de mémoriser tous les paramètres relatifs à un événement. Dans la routine de traitement de l'événement, on peut alors étudier l'événement pour connaître sa nature, et les éventuels paramètres.

Il existe deux types d'événements:

- **les actions**

  l'utilisateur active un élément de l'interface: il coche une case, il valide un champ de texte avec entrée, etc.

- **les événements**

  l'utilisateur presse une touche sans avoir sélectionné un champ de texte, il clique dans un Canvas à l'aide de sa souris, etc.

Dans les deux cas, ces événements doivent être traités par la méthode `handleEvent(Event)`. La méthode `handleEvent(Event)` implémentée par `Component` est prévue pour simplifier la vie du programmeur, car en fonction de la nature de l'événement, elle appelle la méthode de traitement adaptée. Cela signifie que si l'on ne crée pas de méthode `handleEvent(Event)` dans notre applet, les méthodes de traitement spécifiques seront automatiquement utilisées. Voici la liste de ces routines de traitement, ainsi que les conditions de déclenchement:

- **`mouseEnter`**`(Event evt, int x, int y)`

  le pointeur de la souris entre dans la zone

- **`mouseExit`**`(Event evt, int x, int y)`

  le pointeur de la souris quitte la zone

- **`mouseDown`**`(Event evt, int x, int y)`

  un bouton de la souris est enfoncé

- **`mouseUp`**`(Event evt, int x, int y)`

  un bouton de la souris est relâché

- **`mouseMove`**`(Event evt, int x, int y)`

  le pointeur de la souris est déplacé

- **mouseDrag**(Event evt, int x, int y)

  le pointeur de la souris est déplacé pendant qu'un bouton est enfoncé

- **keyDown**(Event evt, int key)

  une touche du clavier est enfoncée

- **keyUp**(Event evt, int key)

  une touche du clavier est relâchée

- **gotFocus**(Event evt, Object arg)

  l'applet obtient le contrôle

- **lostFocus**(Event evt, Object arg)

  l'applet perd le contrôle

- **action**(Event evt, Object arg)

  une action s'est produite (interaction avec un élément de l'interface)

Le programme suivant montre comment traiter les événements de type mouseDown et mouseUp qui sont générés chaque fois que l'utilisateur enfonce et relâche un bouton de la souris dans la zone de l'applet:

```
import java.awt.*;
public class simpleMouseDown extends✂
      java.applet.Applet {
  public boolean mouseDown(Event evt,✂
      int x, int y) {
    System.out.println("coord=("+x+","+y+")✂
      événement mouseDown !");
```

```
    return true;
  }
  public boolean mouseUp(Event evt,✂
        int x, int y) {
    System.out.println("coord=✂
      ("+x+","+y+") événement mouseUp !");
    return true;
  }
}
```

On remarque que `mouseUp(Event, int, int)` retourne une valeur booléenne. En fait, toutes les méthodes de traitement des événements retournent une valeur booléenne. La règle est que si l'événement passé en paramètre a été traité par la méthode — ce qui est généralement le cas — on retourne `true`. On retourne bien évidemment `false` dans le cas contraire.

Attention

Si vous utilisez une applet dans un logiciel de navigation, il est important que le pointeur de la souris se trouve dans la zone de l'applet pour que celle-ci puisse détecter les éventuels événements à traiter. Cela paraît inévitable si les événements sont des clics de souris, mais il en va de même pour les événements générés par le clavier.

10.6.2 mouseUp et mouseDown

L'exemple qui suit fait une utilisation simple des événements qu'il reçoit. S'il s'agit d'un clic de souris, on incrémente le compteur `c`. Voici le code source:

```
import java.awt.*;
public class mouseEvents extends✂
      java.applet.Applet {

  int c = 0;     // valeur du compteur
  Font font;     // police de caracteres

  public void init() {
    // on choisit la plus grande police
    // possible : la hauteur de l'applet

    font = new Font("Helvetica",✂
       Font.BOLD, size().height);
  }

  public void paint(Graphics g) {
    g.setFont(font);
    g.setColor(Color.blue);
    g.drawString("c = "+c, 0,✂
       font.getSize());
  }

  public boolean mouseDown(Event evt,✂
       int x, int y) {
    c++;
    repaint();
    return true;
  }
}
```

Comme nous l'avons expliqué précédemment, la méthode `paint(Graphics)` est appelée chaque fois qu'une partie de l'applet doit être réaffichée. Dans l'applet ci-dessus, on augmente le compteur chaque fois que l'on presse un bouton de la souris. Mais l'augmentation de ce compteur n'est pas visible tant que l'on ne force pas l'applet à se réafficher grâce à `repaint()`.

Une expérience intéressante que vous pouvez tenter: supprimez l'appel à `repaint()` dans le gestionnaire d'événement `mouseDown(...)` et exécutez l'applet à nouveau, après l'avoir bien entendu recompilée. On remarque que le compteur n'augmente pas à chaque clic de souris comme on pourrait s'y attendre. En fait, le compteur augmente, mais l'affichage n'étant pas remis à jour, l'ancien compteur est toujours visible. A cet instant, si on réduit l'`appletviewer` en icône et qu'on l'ouvre à nouveau, on peut voir le compte juste.

Il est possible de détecter le nombre de fois que le bouton de souris a été pressé, ce qui nous permet de réagir aux double-clics, ou même aux "triple-clics" et plus. Il nous faut pour cela consulter la propriété `clickCount` de l'événement:

```
import java.awt.*;
public class mouseEvents extends✂
      java.applet.Applet {

  int c = 0;      // valeur du compteur
  Font font;      // police de caracteres

  public void init() {
    // on choisit la plus grande police
    // possible : la hauteur de l'applet
```

```
    font = new Font("Helvetica",✂
        Font.BOLD, size().height);
  }

  public void paint(Graphics g) {
    g.setFont(font);
    g.setColor(Color.blue);
    g.drawString("c = "+c, 0,✂
        font.getSize());
  }

  public boolean mouseDown(Event evt,✂
        int x, int y) {
    if (evt.clickCount >= 3)
      // triple ou plus : remise a zero
      c = 0;
    else if (evt.clickCount == 2)
      // double : on diminue
      c--;
    else
      // simple : on augmente
      c++;
    repaint();
    return true;
  }
}
```

Il est possible de connaître encore bien d'autres paramètres concernant l'événement que l'on doit traiter.

Nous vous conseillons de consulter la documentation des API pour de plus amples renseignements.

10.6.3 mouseDown et keyDown

`keyDown` et `mouseDown` sont des méthodes de la classe `Component`. Ce sont des méthodes booléennes. A la fin de celles-ci, vous devez donc retourner `true` ou `false`. Le paramètre de type `Event` contient tous les détails de l'événement à traiter.

```
import java.awt.*;
public class mouseEvents extends✂
      java.applet.Applet {

  int c = 0;     // valeur du compteur
  Font font;     // police de caracteres

  public void init() {
    // on choisit la plus grande police
    // possible : la hauteur de l'applet

    font = new Font("Helvetica",✂
       Font.BOLD, size().height);
  }

  public void paint(Graphics g) {
    g.setFont(font);
    g.setColor(Color.blue);
    g.drawString("c ="+c,✂
      0,font.getSize());
  }
  public boolean mouseDown(Event evt,✂
       int x, int y) {
    c++;
    repaint();
    return true;
  }
```

```
  public boolean keyDown(Event evt,
       int key) {
    if (key == Event.UP)
      c++;
    else if (key == Event.DOWN)
      c--;
    else if ((char)key == '0')
      c = 0;
    else
      return false;
    repaint();
    return true;
  }
}
```

10.6.4 action

Une action est générée chaque fois que l'utilisateur:

- presse un bouton (classe `Button`)
- valide un champ avec entrée (classe `TextField`)
- sélectionne un élément de la liste (classe `Choice`)
- coche une case (classe `Checkbox`)
- sélectionne une option dans un menu (classe `Menu`)

La méthode `action(...)` est déclarée de la manière suivante:

```
boolean action(Event evt,Object arg)
```

La variable `evt` contient toutes les informations concernant l'événement. En fait, nous ne nous intéresserons qu'à la variable `evt.target` qui contient l'objet que l'utilisateur a actionné, c'est-à-dire le composant qui a généré l'événement. On utilise généralement `instanceof` pour déterminer la nature de cet objet:

```
boolean action(Event evt,Object arg) {
  if (evt.target instanceof Button)
    ...
  else if (evt.target instanceof Choice)
    ...
  return true;
}
```

Le paramètre `arg` est de type `Object`. Celui-ci contient une information dépendante du type de composant qui a généré cette action. Si un bouton a été pressé, `arg` contient une chaîne de caractères équivalente au label de ce bouton. Nous pouvons donc utiliser ce paramètre `arg` pour déterminer le bouton qui a été pressé. Si l'action est due à un objet `Choice`, `arg` contient l'élément sélectionné par l'utilisateur, toujours sous forme de chaîne de caractères.

Une expérience intéressante consiste à créer une applet bourrée d'éléments d'interface et à utiliser la méthode `action(...)` suivante:

```
boolean action(Event evt,Object arg) {
  System.out.println("EVENT:"+evt);
  System.out.println("ARG  :"+arg);
  return true;
}
```

Créons maintenant une applet qui calcule la somme des nombres qu'on entre à l'aide du clavier ou des boutons affichés à l'écran. Voici le code source de cette applet:

```
import java.awt.*;
public class sommeAction extends✂
        java.applet.Applet {
  TextField nombre;
  TextField total;
  public void init() {
    setLayout(new BorderLayout());
    add("North",nombre = new TextField());
    add("South",total = new✂
       TextField("0"));
    total.setEditable(false);
    Panel clavier = new Panel();
    clavier.setLayout(new✂
       GridLayout(4,3));
    for (int num = 1;num <= 9;num++)
      clavier.add(new Button✂
       (Integer.toString(num)));
    clavier.add(new Button("0"));
    clavier.add(new Button("Ajoute"));
    clavier.add(new Button("RAZ"));
    add("Center",clavier);
  }
  public boolean action(Event evt,✂
       Object arg) {
    if (evt.target instanceof Button)
      return actionBouton ((String)arg);
    return true;
  }
  public boolean actionBouton(String✂
       label) {
    if (label.equals("Ajoute")) {
      int num = Integer.parseInt✂
       (nombre.getText());
      int somme = Integer.parseInt✂
       (total.getText());
      somme += num;
```

```
        total.setText✂
         (Integer.toString(somme));
        nombre.setText("");
      } else if (label.equals("RAZ")) {
        nombre.setText("");
        total.setText("0");
      } else {
        nombre.setText(nombre.getText()✂
         + label);
      }
      return true;
    }
  }
```

Nous créons 12 boutons. 10 d'entre eux sont numériques et les 2 boutons restants sont `Ajoute` et `RAZ`, pour remise à zéro. Le champ du bas, total, contient la somme calculée et le champ du haut, `nombre`, contient le nombre à ajouter à la somme. On interdit la modification du champ total à l'aide de `total.setEditable(false)`. Lorsque l'on presse un bouton de 0 à 9, ce caractère est ajouté à la fin du champ `nombre`. Vous pouvez bien évidemment modifier ce nombre en écrivant directement dans le champ. Quand on presse le bouton `Ajoute`, ce nombre est ajouté au total et on efface le champ. Le bouton `RAZ` remet à zéro le champ `nombre` et le champ `total`. Voilà pour ce qui est du fonctionnement.

Dans l'applet ci-dessus, lorsque l'on détecte qu'un bouton a été pressé (dans `action`), on appelle la méthode `actionBouton(String)` que nous avons créée. Nous aurions pu effectuer tout le traitement lié aux boutons dans la méthode action(...), mais il est pratique de séparer les différentes routines de traitement. Il est important de garder les méthodes le plus simples possible, pour faciliter la relecture et la compréhension. Une action est également générée lorsque l'on presse entrée dans un champ de texte. L'applet suivante est capable de détecter lorsque l'utilisateur valide le champ nombre :

```
import java.awt.*;
public class sommeAction2 extends✂
       java.applet.Applet {
  TextField nombre;
  TextField total;
  public void init() {
    setLayout(new BorderLayout());
    add("North",nombre = new TextField());
    add("South",total = new✂
 TextField("0"));
    total.setEditable(false);
    Panel clavier = new Panel();
    clavier.setLayout(new✂
       GridLayout(4,3));
    for (int num = 1;num <= 9;num++)
      clavier.add(new Button✂
 (Integer.toString(num)));
    clavier.add(new Button("0"));
    clavier.add(new Button("Ajoute"));
    clavier.add(new Button("RAZ"));
    add("Center",clavier);
  }
  public boolean action(Event evt,✂
       Object arg) {
    if (evt.target instanceof Button)
      return actionBouton ((String)arg);
```

```
    else if (evt.target instanceof✂
       TextField)
      return actionChamp✂
       ((TextField)evt.target);
    return true;
  }
  void ajoute() {
    int num = Integer.parseInt✂
       (nombre.getText());
    int somme = Integer.parseInt✂
       (total.getText());
    somme += num;
    total.setText✂
       (Integer.toString(somme));
    nombre.setText("");
  }
  boolean actionBouton(String label) {
    if (label.equals("Ajoute")) {
      ajoute();
    } else if (label.equals("RAZ")) {
      nombre.setText("");
      total.setText("0");
    } else {
      nombre.setText(nombre.getText()✂
       + label);
    }
    return true;
  }
  boolean actionChamp(TextField champ) {
    if (champ == nombre)
      ajoute();
    return true;
  }
}
```

10.6.5 handleEvent et la classe Event

Les méthodes de traitement des événements que nous avons étudiées jusqu'à maintenant sont en fait appelées par la méthode `handleEvent(Event)` qui supervise le tout. Cette méthode est héritée de Component et c'est elle qui détermine si l'événement à traiter est une `action`, un `mouseDown`, etc.

Pour déterminer le type d'événement, `Component.handleEvent(Event)` compare la valeur du champ `Event.id` avec chacune des valeurs prédéfinies:

- `Event.ACTION_EVENT`
- `Event.KEY_PRESS`
- `Event.KEY_RELEASE`
- `Event.KEY_ACTION`
- `Event.KEY_ACTION_RELEASE`
- `Event.MOUSE_DOWN`
- `Event.MOUSE_UP`
- `Event.MOUSE_MOVE`
- `Event.MOUSE_ENTER`
- `Event.MOUSE_EXIT`
- `Event.MOUSE_DRAG`
- `Event.LIST_EVENT`
- `Event.LIST_SELECT`
- `Event.LIST_DESELECT`
- `Event.GOT_FOCUS`
- `Event.LOST_FOCUS`

(La liste n'est pas exhaustive. Veuillez consulter la documentation des API pour une liste complète de tous les événements.)

Elle appelle ensuite la méthode de traitement associée. Si l'on ne crée pas de méthode `handleEvent` dans notre applet, on ne masque pas `Component.handleEvent(Event)` et c'est elle qui s'exécute. C'est ce qui se produisait jusqu'à maintenant.

Il se peut toutefois que cette manière de faire ne nous convienne pas et que l'on désire utiliser notre propre méthode `handleEvent`. On procède de la façon suivante:

```
public boolean handleEvent(Event evt) {
  if (Evt.id == Event.ACTION_EVENT)
    return action(evt, evt.arg);
  else if (Evt.id == Event.MOUSE_DOWN)
    return mouseDown(evt, evt.x, evt.y);
  return super.handleEvent(evt);
}
```

Ce code est très proche de ce que l'on peut trouver dans `Component.handleEvent(Event)`. Le principe de fonctionnement est le même. La dernière ligne peut nécessiter quelques explications, qui trouveront leur place dans la section suivante.

10.6.6 Panneaux imbriqués

Nous l'avons vu dans les sections 10.5.6 et 10.5.7, on peut imbriquer des panneaux dans des applets, comme dans d'autres panneaux. Si l'on reprend la hiérarchie de l'applet `demoLayoutCombine` du chapitre 10.5.6, on a la hiérarchie suivante:

```
demoLayoutCombine - Applet
   │
   ├─panContr - Panel
   │   │
   │   ├─ "Compose..." - Label
   │   ├─noSelect - TextField
   │   ├─ "Compose !" - Button
   │   └─ "Efface" - Button
   ├─panSelec - Panel
   │   │
   │   ├─ "Selection..." - Label
   │   ├─liste - List
   │   └─ "Copie" - Button
   └─panNumer - Panel
       │
       ├─ "1" - Button
       ├─ "2" - Button
       ├─ ... - Button
       ├─ "*" - Button
       ├─ "0" - Button
       └─ "#" - Button
```

Lorsqu'un événement se produit au niveau d'un composant, c'est le panneau qui le contient qui reçoit l'événement à traiter grâce à `handleEvent(Event)`. Dans l'applet ci-dessus, si l'utilisateur presse le bouton "`#`" du panneau `panNumer`, c'est la méthode `panNumer.handleEvent(Event)` qui devra prendre en charge le traitement de l'événement. Comme `panNumer` est une instance de `Panel` et que la méthode `handleEvent(Event)` est héritée de `Component`, c'est `Component.handleEvent(Event)` qui sera exécuté. Le comportement par défaut de cette méthode est de chercher une méthode `action(Event,Object)` à exécuter. Dans le cas présent, c'est `Panel.action(Event,Object)` qui sera exécuté. Mais `Panel.action(Event,Object)` n'existe pas, c'est donc `Component.action(...)` qui est exécuté, méthode qui retourne `false`, indiquant "Je n'ai pas traité l'événement". Dans une pareille situation, `handleEvent(...)` transmet l'événement au panneau parent, c'est-à-dire `demoLayoutCombine` dans notre cas.

On remarque que les événements, s'ils ne sont pas traités, remontent la hiérarchie des composants pour arriver à l'applet. Voici l'applet `demoLayoutCombine` de la section 10.5.6 avec la gestion des événements:

```
import java.awt.*;
import java.applet.*;

public class demoLayoutCombine✂
      extends Applet {

   TextField noSelect;
   List liste;

   public void init() {
      setLayout(new GridLayout(1,3));

      Panel panContr = new Panel();
      Panel panSelec = new Panel();
      Panel panNumer = new Panel();

      panContr.add(new Label("Compose✂
         le : "));
      noSelect = new TextField(15);
      panContr.add(noSelect);
      panContr.add(new Button("Compose !"));
      panContr.add(new Button("Efface"));
      add(panContr);

      panSelec.setLayout(new✂
         BorderLayout());
      panSelec.add("North", new✂
         Label ("Selection abregee"));
      liste = new List(5,false);
      liste.addItem("premier");
      liste.addItem("deuxieme");
      liste.addItem("troisieme");
      liste.addItem("quatrieme");
      liste.addItem("cinquieme");
      liste.addItem("sixieme");
      liste.addItem("septieme");
      liste.addItem("avant-dernier");
      liste.addItem("dernier");
```

```
    panSelec.add("Center",liste);
    panSelec.add("South",new✂
      Button("Copie"));
    add(panSelec);

    panNumer.setLayout(new✂
      GridLayout(4,3));
    for (int num = 1;num <= 9;num++)
      panNumer.add(new✂
      Button(Integer.toString(num)));
    panNumer.add(new Button("*"));
    panNumer.add(new Button("0"));
    panNumer.add(new Button("#"));
    add(panNumer);
  }
  public boolean action(Event✂
      evt,Object arg) {
    if (evt.target instanceof Button)
      handleButton((String)arg);
    else if (evt.target instanceof✂
      TextField)
      handleText((TextField)evt.target);
    return true;
  }
  private void handleText (TextField tf) {
    if (tf == noSelect)
      compose();
  }
  private void handleButton✂
      (String label) {
    if (label.equals("Copie"))
      noSelect.setText✂
      (liste.getSelectedItem());
    else if (label.equals("Efface"))
      noSelect.setText("");
    else if (label.equals("Compose !"))
      compose();
```

```
    else

noSelect.setText(noSelect.getText() "
       +label);
  }
  private void compose() {
     System.out.println("compose✂
       le " + noSelect.getText());
  }
}
```

On remarquera au passage que ce programme n'agit pas de manière totalement correcte. En effet, `action(...)` retourne `true` même si l'événement n'a pas été traité.

Voici la hiérarchie des composants de l'applet de la section 10.5.7, `demoLayoutCombine2` :

```
demoLayoutCombine2 - Applet
  |
  |__pas de nom - PanneauControl
  |    |
  |    |__"Compose..." - Label
  |    |__noSelect - TextFiel
  |    |__"Compose !" - Butto
  |    |__"Efface" - Butto
  |__pas de nom - PanneauSelectio
  |    |
  |    |__"Selection..." - Label
  |    |__liste - List
  |    |__"Copie" - Button
  |__pas de nom - PanneauNumerotatio
       |
       |__"1" - Button
       |__"2" - Button
       |__... - Button
       |__"*" - Button
       |__"0" - Button
       |__"#" - Button
```

Nous avons écrit les trois éléments `PanneauControle`, `PanneauSelection` et `PanneauNumerotation`. On peut donc créer une méthode `handleEvent(Event)` qui va masquer `Component.handleEvent(Event)` et éviter ou contrôler la propagation des événements au panneau parent. Voici comment gérer les événements au niveau du panneau:

```
import java.awt.*;
import java.applet.*;

class PanneauControle extends Panel {
  TextField noSelect;
  PanneauControle() {
    add(new Label("Compose le : "));
    noSelect = new TextField(15);
    add(noSelect);
    add(new Button("Compose !"));
    add(new Button("Efface"));
  }
  public boolean action(Event✂
       evt,Object arg) {
    if (evt.target instanceof Button)
      return handleButton((String)arg);
    else if (evt.target instanceof✂
       TextField)
      return✂
       handleText((TextField)evt.target);
    return false;
  }
  private boolean handleText✂
       (TextField tf) {
    if (tf == noSelect)
      compose();
    else
      return false;
    return true;
  }
  private void compose() {
    System.out.println("compose le✂
       " + noSelect.getText());
  }
  private boolean handleButton✂
       (String label) {
    if (label.equals("Compose !"))
```

```
      compose();
    else if (label.equals("Efface"))
      noSelect.setText("");
    else
      return false;
    return true;
  }
}

class PanneauSelection extends Panel {
  TextField dest;
  List liste;
  PanneauSelection (TextField dest) {
    this.dest = dest;
    setLayout(new BorderLayout());
    add("North",new Label("Selection✂
       abregee"));
    liste = new List(5,false);
    liste.addItem("premier");
    liste.addItem("deuxieme");
    liste.addItem("troisieme");
    liste.addItem("quatrieme");
    liste.addItem("cinquieme");
    liste.addItem("sixieme");
    liste.addItem("septieme");
    liste.addItem("avant-dernier");
    liste.addItem("dernier");
    add("Center",liste);
    add("South",new Button("Copie"));
  }
  public boolean action(Event✂
       evt,Object arg) {
    if (evt.target instanceof Button)
      return handleButton((String)arg);
    return false;
  }
  private boolean handleButton✂
       (String label) {
```

```
    if (label.equals("Copie"))
      dest.setText✂
       (liste.getSelectedItem());
    else
      return false;
    return true;
  }
}

class PanneauNumerotation extends Panel {
  TextField dest;
  PanneauNumerotation (TextField dest) {
    this.dest = dest;
    setLayout(new GridLayout(4,3));
    for (int num = 1;num <= 9;num++)
      add(new✂
       Button(Integer.toString(num)));
    add(new Button("*"));
    add(new Button("0"));
    add(new Button("#"));
  }
  public boolean action(Event✂
       evt,Object arg) {
    if (evt.target instanceof Button)
      return handleButton((String)arg);
    return false;
  }
  private boolean handleButton✂
       (String label) {
    dest.setText(dest.getText()+label);
    return true;
  }
}

public class demoLayoutCombine2✂
       extends Applet {
  public void init() {
```

```
        setLayout(new GridLayout(1,3));
        PanneauControle contr;
        add(contr = new PanneauControle());
        add(new PanneauSelection✂
           (contr.noSelect));
        add(new PanneauNumerotation✂
           (contr.noSelect));
    }
}
```

Ce programme est effectivement plus complexe que le précédent. Chaque classe `Panneau...` possède sa propre méthode `action(...)`. On peut remarquer un petit changement dans le corps de l'applet, dans la méthode `init()` : nous passons un paramètre aux constructeurs de `PanneauSelection` et `PanneauNumerotation`, car ces deux panneaux agissent sur un champ de texte.
Le panneau de sélection y copie un élément de la liste, alors que le panneau de numérotation lui ajoute des caractères.

10.7 Les fenêtres

La classe `Frame` permet de créer une fenêtre. Cette classe hérite de `Window`, qui hérite à son tour de `Container`, on peut donc y ajouter des Components (boutons, labels, etc.) grâce à la méthode `add(Component)`. La classe `Window` s'occupe de l'ouverture de la fenêtre et ne connaît ni les menus ni les bordures de fenêtre. Toutes ces "fioritures" sont gérées par `Frame`. Le plus simple est encore de présenter un exemple:

```
import java.awt.*;
public class DemoFenetre extends✂
      java.applet.Applet {
  Frame fenetre;
  public void init() {
    fenetre = new Frame("Titre de✂
      la fenetre");
    fenetre.setLayout(new FlowLayout());
    fenetre.add(new Label("Bonjour✂
      de la fenetre !"));
    fenetre.show();
    fenetre.resize(300,100);
    add(new Button("montrer"));
    add(new Button("cacher"));
  }
  public boolean action(Event evt,✂
       Object arg) {
    if (evt.target instanceof Button) {
      String label = (String)arg;
      if (label.equals("cacher"))
        fenetre.hide();
      else if (label.equals("montrer"))
        fenetre.show();
      else
        return false;
      return true;
    }
    return false;
  }
}
```

Vous aurez certainement remarqué le message "`Warning : Applet Window`" sur un fond jaune, dans la fenêtre que vous venez de créer. Il n'est pas possible de supprimer cet avertissement. De cette manière, il n'est pas possible de créer une applet qui simule une demande de mot de passe provenant de votre système, car le message sur fond jaune est suffisamment voyant pour que vous ne vous laissiez pas prendre. Encore une remarque concernant les fenêtres: le gestionnaire de mise en page par défaut est `BorderLayout` et pas `FlowLayout`.

Nous allons maintenant vous présenter les menus, qui peuvent être utilisés dans les fenêtres (de la classe `Frame`). Voici un exemple qui devrait parler de lui-même:

```
import java.awt.*;
class Fenetre extends Frame {
  Label texte;
  Fenetre() {
    MenuBar barre = new MenuBar();
    Menu menuLabel = new Menu("Label");
    menuLabel.add(new✂
       MenuItem("Bonjour"));
    menuLabel.add(new MenuItem("Salut"));
    menuLabel.add(new MenuItem("-"));
    menuLabel.add(new MenuItem("Hello"));
    barre.add(menuLabel);

    Menu fen = new Menu("Fenetre");
    fen.add(new MenuItem("Fermer"));
    barre.add(fen);
    setMenuBar(barre);

    texte = new Label ("Choisissez une✂
       option dans le menu Label");
```

```
    add("Center",texte);
  }
  public boolean action(Event evt,✂
       Object arg) {
    if (evt.target instanceof MenuItem) {
      String titre = (String)arg;
      if (titre.equals("Bonjour"))
        texte.setText("Bonjour Monsieur");
      else if (titre.equals("Salut"))
        texte.setText("Salut !");
      else if (titre.equals("Hello"))
        texte.setText("Hello✂
       in english !");
      else if (titre.equals("Fermer"))
        hide();
      else
        return false;
      return true;
    } else
      return false;
  }
}
public class DemoMenus extends✂
       java.applet.Applet {
  Fenetre fenetre;
  public void init() {
    fenetre = new Fenetre();
    fenetre.show();
  }
}
```

10.8 Utilisation d'AWT dans une application

Jusqu'à présent, nous n'avons utilisé les éléments d'interface graphique que dans des applets. Mais il est possible d'utiliser AWT dans des applications comme dans une applet. Il est possible de créer un hybride applet-application capable de s'exécuter dans un logiciel de navigation (ou l'`appletviewer`) ainsi qu'à partir de la ligne de commande. Pour ce faire, il vous faut modifier votre applet pour lui ajouter une méthode `main` qui recrée un environnement comparable à celui offert par tout logiciel de navigation. Voici le code pour le programme `MonApplet`, qui peut s'exécuter comme applet ou comme application:

```
import java.awt.*;
class MonApplet✂
       extends java.applet.Applet {
  public void init() {
    add(new Label("Je suis ici !"));
  }
  public static void main(String args[]) {
    Frame fenetre = new✂
       Frame("Votre applet");
    MonApplet applet = new MonApplet();
    applet.init();
    applet.start();
    fenetre.add("Center",applet);
    fenetre.resize(400,300);
    fenetre.show();
  }
}
```

11. Les exceptions

Une exception survient lors d'un cas de figure anormal. Elle interrompt le flot normal d'exécution et exécute les éventuelles routines de traitement. Par exemple, si l'on essaye de diviser un nombre entier par zéro, `ArithmeticException` sera déclenchée. En Java, chaque exception est une instance d'une classe dérivée de `Exception`, elle-même dérivée de `Throwable`.

La clause `try - catch` est utilisée pour traitement des exceptions. Le code ressemblera souvent à celui-ci:

```
try {
  operation_dangereuse_1;
  operation_dangereuse_2;
  operation_dangereuse_3;
} catch (ExceptionIninteressante except) {
  // on ne traite pas cette exception
} catch (ExceptionParticuliere except) {
  traite_cas_particulier;
} catch (Exception except) {
  traite_l'exception;
} finally {
  termine_proprement;
}
```

Si une exception est générée par une des opérations dangereuses on saute immédiatement à la fin du bloc, sans exécuter les opérations suivantes, de la même manière que `break` le ferait. Ensuite, on teste successivement les différents paramètres des éléments `catch`. Si l'exception générée est une instance de la classe déclarée dans la clause `catch` (ou d'une classe dérivée), alors on exécute le bloc qui lui est associé. Si ce n'est pas le cas, on teste le catch suivant. Si l'exception en question n'a pas été traitée par un bloc `catch`, l'exception sera transmise au bloc supérieur. C'est-à-dire que si l'on ne se trouve pas dans un autre bloc `try`, on quitte la méthode en cours, qui générera à son tour une exception dans la méthode appelante.

Il faut faire attention à bien traiter les exceptions "les plus précises" (les sous-classes) avant les exceptions générales, pour les raisons évoquées ci-dessus. On veillera donc à tester l'exception `Arithmetic-Exception` avant `Exception`.

La clause finally délimite un bloc qui sera exécuté de toute façon, qu'une exception soit générée ou pas. Ce bloc, qui est facultatif, est également exécuté si dans le bloc `try`, on rencontre `break` ou `continue`.

Exemple de récupération d'exception:

```
int a = 10;
int d = 0;
int r;
try {
  r = a / d;
} catch (ArithmeticException e) {
  System.out.println("Exception✂
      arithmetique !");
}
```

Si l'on désire créer un nouveau "type" d'exception, il suffit d'étendre la classe, comme présenté ci-dessous:

```
class divisionParZeroException✂
      extends Exception {
}
```

Il est courant d'inclure le mot `Exception` dans le nom de la classe, mais il s'agit d'une convention et pas d'une obligation.

Remarquons que `Exception` et `Error` sont des sous-classes de `Throwable`. Les objets de la classe Error sont des erreurs internes à la machine virtuelle Java, c'est pourquoi il faut être très vigilant si l'on désire les récupérer. En effet, il ne serait pas très judicieux d'ignorer une exception de type "Plus de mémoire".

Si dans un bloc (une méthode), on fait appel à une méthode qui peut potentiellement générer une exception, on doit soit essayer de la récupérer avec `try`, soit ajouter le mot-clé `throws` dans la déclaration du bloc. Si on ne le fait pas, il en résultera une erreur à la compilation. Il n'est toutefois pas requis de traiter les exceptions et erreurs déclarées dans le paquetage `java.lang`, car celles-ci peuvent théoriquement être déclenchées partout.

Exemple:

```
public meth(...) throws ExceptionReseau {
  // les opérations qui suivent
  // peuvent générer une exception
  // de type ExceptionReseau
  operationReseau1();
  operationReseau2();
  operationReseau3();
}
```

Pour générer une exception, il suffit d'utiliser `throw`, suivi d'un objet dont la classe est dérivée de `Throwable`. Si l'on veut générer une exception dans une méthode, avec `throw`, il faudra l'indiquer dans la déclaration de méthode, en utilisant le mot-clé `throws`.

```
throw new Exception();
throw new IOException("fichier ✂
ABSENT.TXT non trouve");
throw e; // si on ne fait que propager✂
l'exception e depuis un bloc catch✂
existant.
```

Attention

Il faut faire très attention à la syntaxe, car `throw` et `throws` ne sont pas équivalents. Lorsque l'on indique dans la déclaration d'une méthode que celle-ci peut générer une exception, on utilise le mot-clé `throws` qui prend un `s`. Lorsque l'on génère l'exception, on utilise `throw`, qui ne prend pas de `s`.

Exemple:

```
class divisionParZeroException✂
       extends Exception {
}

class operationInconnueException✂
       extends Exception {
  public✂
   operationInconnueException(String s) {
    super(s);
  }
}

class divMul {
```

```
  private static int execOperation(int✂
       operande1, String operation, int✂
       operande2)
  throws divisionParZeroException,✂
       operationInconnueException {
    if ("*".equals(operation))
      return operande1*operande2;
    else if ("/".equals(operation)) {
      if (operande2 == 0)
        throw new✂
       divisionParZeroException();
      return operande1/operande2;
    } else
      throw new✂
 operationInconnueException(operation);
  }

  public static void main✂
       (String args[]) {
    System.out.println("exemple✂
       de traitement d'exceptions");
    int    operande1[] = {3,  56, 33, 25};
    String operation[] =✂
       {"*","/","+","/"};
    int    operande2[] = {5,  4,  5,  0};

    for (int n = 0;n <✂
       operande1.length;n++) {
      try {
        System.out.println("Calcul de✂
       " + operande1[n] + operation[n]✂
       + operande2[n]);
        System.out.println("Resultat =✂
       " + execOperation(operande1[n],✂
       operation[n], operande2[n]));
    } catch (divisionParZeroException e) {
```

```
        System.out.println("Division✂
      par zero.");
  } catch (operationInconnueException e) {
        System.out.println("Operation✂
      inconnue : " + e.getMessage());
      } catch (Exception e) {
        System.out.println("une autre✂
      exception est survenue.");
      } finally {
        System.out.println("clause✂
      finally appellee");
      }
    }
  }
}
```

Et lorsque l'on exécute ce programme, on peut lire les messages suivants:

```
exemple de traitement d'exceptions
Calcul de 3*5
Resultat = 15
clause finally appellee
Calcul de 56/4
Resultat = 14
clause finally appelee
Calcul de 33+5
Operation inconnue : +
clause finally appelee
Calcul de 25/0
Division par zero.
clause finally appelee
```

12. Les processus

12.1 Introduction

Java permet l'exécution concurrente de plusieurs processus légers, appelés *threads* en anglais, c'est-à-dire plusieurs tâches. On différencie généralement les processus légers des processus lourds. Les premiers sont internes à une application alors que les processus lourds sont vus par le système d'exploitation comme plusieurs processus. Les processus légers partagent un espace d'adressage commun. La programmation concurrente sous-entend mécanismes de synchronisation et d'exclusion mutuelle.

Il est en effet important de s'assurer que les accès concurrents aux variables et méthodes ne mettent pas en péril la validité des données. Pour ce faire, veuillez vous reporter à la page décrivant les mécanismes d'exclusion mutuelle de Java.

12.2 Création de processus - la classe thread

Mais voyons tout d'abord comment créer plusieurs processus. Nous devons créer une classe qui étend la classe `java.lang.Thread` et remplacer sa méthode `run()` par notre propre algorithme. Lorsque l'on appelle la méthode `start()` d'un `Thread`, la méthode `run()` est déclenchée, et elle s'arrête lors d'un appel à `stop()`. Ainsi, par exemple :

```
class afficheur extends Thread {
  /** constructeur permettant de nommer✂
      le processus */
  public afficheur(String s) {
    super(s);
  }

  /** affiche son nom puis passe✂
      le controle au suivant */
  public void run() {
    while (true) {
      System.out.println("je suis✂
       le processus "+getName());
      Thread.yield();    // passe le✂
       controle
    }
  }
}

class thread12 {
  public static void main(String args[]) {
    afficheur thread1 = new✂
       afficheur("1");
    afficheur thread2 = new✂
       afficheur("2");
    thread1.start();
    thread2.start();
    while (true) {
      System.out.println("je suis la✂
       tache principale !");
      Thread.yield();
    }
  }
}
```

Et voici les messages qu'affiche cette application lorsqu'on l'exécute:

```
je suis la tache principale !
je suis le processus 1
je suis le processus 2
je suis la tache principale !
je suis le processus 1
je suis le processus 2
je suis la tache principale !
je suis le processus 1
je suis le processus 2
je suis la tache principale !
je suis le processus 1
je suis le processus 2
...
```

L'ordonnanceur ou *scheduler* en anglais est chargé de répartir le processeur entre les différentes tâches en exécution. L'implémentation et le comportement de l'ordonnanceur de processus n'est pas spécifié par Sun. Cela veut dire que les différentes machines virtuelles (MV) Java n'auront pas forcément le même comportement. Une MV peut se comporter comme un noyau temps réel (pas de *timeslicing*) ou comme un noyau préemptif.

Comme nous l'avons vu dans les exemples précédents, on utilise `Thread.yield()` afin de redonner explicitement le contrôle à l'ordonnanceur. De cette manière, quel que soit le comportement de la machine virtuelle Java, les différents processus s'entrelaceront.

12.3 Création de processus - l'interface Runnable

Nous avons étudié les modificateurs auparavant, et nous avions vu que lorsqu'une méthode est qualifiée de final, on ne peut pas la remplacer dans une sous-classe. Si nous regardons la documentation des API, on remarque que la méthode `Thread.stop()` est qualifiée de `final`. On ne peut donc pas la remplacer, mais il est souvent nécessaire d'exécuter des instructions après avoir stoppé une tâche.

L'interface `Runnable` permet de créer un objet possédant une méthode `stop()`, que l'on utilisera ensuite comme constructeur d'un `Thread`. C'est la méthode `start()` de l'objet qui sera responsable de la création et de l'activation du processus.

```
class afficheurRunnable✂
      implements Runnable {
  boolean cont = true;
  String nomProcessus;
  Thread th;
  /** constructeur permettant de nommer✂
      le processus */
  public afficheurRunnable(String s) {
    nomProcessus = s;
  }
  public void start() {
    if (th == null) {
      th = new Thread(this,nomProcessus);
      th.start();
    }
```

```
  }
  public void stop() {
    if (th != null) {
      th.stop();
      th = null;
    }
  }
  /** affiche son nom puis passe✂
       le controle au suivant */
  public void run() {
    while (cont) {
      System.out.println("je suis✂
       le processus "+th.getName());
      Thread.yield();    // passe le✂
       controle
    }
  }
}

class runnable12 {
  public static void main(String args[]) {
    afficheurRunnable run1 = new✂
       afficheurRunnable("1");
    afficheurRunnable run2 = new✂
       afficheurRunnable("2");
    run1.start();
    run2.start();
    while (true) {
      System.out.println("je suis la✂
       tache principale !");
      try {
        Thread.sleep(20);
      } catch (InterruptedException e) {}
    }
  }
}
```

Exécution:

```
je suis la tache principale !
je suis le processus 1
je suis le processus 2
je suis le processus 1
je suis le processus 2
je suis le processus 1
je suis le processus 2
je suis le processus 1
je suis le processus 2
je suis la tache principale !
je suis le processus 1
je suis le processus 2
je suis le processus 1
je suis le processus 2
je suis le processus 1
```

Nous en avons profité pour effectuer une deuxième modification. Dans la méthode `runnable12.main`, nous avons remplacé `Thread.yield()` par `Thread.sleep(20)`. Cela a pour effet de mettre en attente le processus pendant 20 millisecondes, et de redonner le contrôle à l'ordonnanceur par la même occasion. Comme cette méthode peut déclencher une exception `InterruptedException`, il est nécessaire de l'utiliser dans un bloc `try catch`. Cette exception signifie que ce processus a été stoppé par le biais de la méthode stop() . Nous avons choisi de ne pas la traiter, ce qui est très courant. Remarquons que cela n'empêche pas le processus d'être arrêté.

12.4 Exclusion mutuelle

12.4.1 Introduction

Le mécanisme d'exclusion mutuelle présent dans Java est le moniteur. Si l'on désire définir une section critique, afin de s'assurer de la cohérence des données, nous devons utiliser le mot-clé `synchronized`. C'est de cette manière que l'on crée un moniteur.

12.4.2 Sécurisation d'une méthode

Lorsque l'on crée une instance d'une certaine classe, on crée également un moniteur qui lui est associé. Lorsque l'on applique le modificateur `synchronized`, on place la méthode (le bloc de code) dans ce moniteur, ce qui assure l'exclusion mutuelle.

Exemple:

```
class mutexAcc {
  int accumulateur = 0;

  public synchronized void✂
       stocke(int val) {
    accumulateur += val;
  }
  public int lit() {
    return accumulateur;
  }
}
```

L'opération d'incrémentation `+=` prend plusieurs cycles, et un changement de contexte avant que l'incrémentation soit terminée pourrait créer une incohérence des résultats. Le modificateur `synchronized` indique que la méthode `stocke` fait partie du moniteur de l'instance, empêchant son exécution simultanée par plusieurs processus. Si le moniteur est déjà occupé, les processus suivants seront mis en attente. L'ordre de réveil des processus n'est pas déterministe, cela veut dire qu'il n'est pas garanti que les processus mis en attente soit réveillés dans l'ordre dans lequel ils sont mis en attente, ou dans un autre ordre bien défini.

12.4.3 Sécurisation d'un bloc

L'utilisation de méthodes synchronisées trop longues peut créer une baisse d'efficacité. Avec Java, il est possible de placer n'importe quel bloc dans un moniteur, ce qui permet ainsi de réduire la longueur des sections critiques.

Dans l'exemple suivant, le code de `methode1` et de `methode2` est équivalent.

```
synchronized void methode1() {
  // section critique...
}
void methode2() {
  synchronized(this) {
    // section critique...
  }
}
```

Exemple

```
public class Tortue {
  private Point pos;
  private int angle;
  public Tortue(int x,int y,int angle) {
    // ...
  }
  public synchronized void✂
       tourne(int degres) {
    angle += degres;
  }
  public synchronized void✂
       avance(int distance) {
    pos.x += (int) ((double)distance✂
       * Math.cos((double)angle));
    pos.y += (int) ((double)distance✂
       * Math.sin((double)angle));
  }
  public int angle() {
    return angle;
  }
  public synchronized Point pos() {
    return new Point(pos.x,pos.y);
  }
}

public class mutexLogo {
  public int lectureEntier() {
    // ...
    // lecture d'un nombre entier
    // pouvant prendre du temps
    // ...
  }
 public static void carre(Tortue tortue) {
    int largeur = lectureEntier();
    int longueur = lectureEntier();
```

```
    synchronized (tortue) {
tortue.tourne(90);tortue.avance(largeur);
tortue.tourne(90);tortue.avance(longueur);
tortue.tourne(90);tortue.avance(largeur);
tortue.tourne(90);tortue.avance(longueur);
    }
    // autres taches...
  }
}
```

Comme nous l'avons vu, quand le modificateur `synchronized` qualifie une méthode, on place cette méthode dans le moniteur de l'instance. Cela permet de sécuriser l'accès à une instance particulière d'un objet. En créant un bloc `synchronized (tortue)`, on entre dans le moniteur associé à l'instance tortue. Dans l'exemple ci-dessus, si un processus est en train d'afficher un carré en faisant appel à `mutexLogo.carre(tortue)`, un autre processus ne pourra pas déplacer la tortue. Malgré tout, pendant que l'on se trouve dans la méthode `carre` et que l'on est en train de lire les dimensions du carré, un autre processus pourra utiliser la tortue. En effet, le moniteur n'est pas occupé, parce que la méthode n'est pas `synchronized`, seul le bloc chargé de tracer le carré l'est.

12.4.4 Sécurisation des variables de classes

Considérons maintenant le cas où il faut sécuriser l'accès à une variable de classe. La solution est simple, il faut créer un moniteur qui est commun à toutes les instances de la classe. La méthode `getClass()` retourne la classe de l'instance dans laquelle on l'appelle. Nous pouvons maintenant créer un moniteur qui utilise le résultat de `getClass()` comme "verrou".

```
class mutexStatic {
  private int accumulateur = 0;
  private static int acces = 0;

public synchronized void stocke(int val) {
    accumulateur += val;
    synchronized (getClass()) {
      acces += 1;
    }
  }

  public int lit() {
    synchronized (getClass()) {
      acces += 1;
    }
    return accumulateur;
  }

  public int acces() {
    return acces;
  }
}
```

Cet exemple définit une classe d'accumulateur qui incrémente `acces` chaque fois que l'on accède à `stocke` ou à `lit`. La variable `acces` est une variable de classe (déclarée `public`), elle est donc partagée par les différentes instances de cette classe. La méthode `getClass()` retourne un objet de type `Class` avec lequel on crée un nouveau moniteur.

12.5 Synchronisation : wait() et notify()

Il peut être nécessaire de synchroniser des processus qui accèdent aux mêmes ressources. L'utilisation des moniteurs permet de garantir l'exclusion mutuelle, et pour la synchronisation, on utilisera des signaux, qui sont modélisés par les méthodes `wait()` et `notify()`.

Un des exemples classiques de l'utilisation des signaux est celui des producteurs-consommateurs. Prenons un tampon borné de n objets, un processus producteur et un processus consommateur.

Exemple:

```
class tamponCirc {

  private Object tampon[];
  private int taille;
  private int en, hors, nMess;

  /** constructeur. crée un tampon
       de taille éléments */
  public tamponCirc (int taille) {
    tampon = new Object[taille];
    this.taille = taille;
    en = 0;
    hors = 0;
    nMess = 0;
  }
```

```
  public synchronized void✂
      depose(Object obj) {
    while (nMess == taille) {
                         // si plein
      try {
        wait();     // attends non-plein
      } catch (InterruptedException e) {}
    }
    tampon[en] = obj;
    nMess++;
    en = (en + 1) % taille;
    notify(); // envoie un signal non-vide
  }

  public synchronized Object preleve() {
    while (nMess == 0) {     // si vide
      try {
        wait();         // attend non-vide
      } catch (InterruptedException e) {}
    }
    Object obj = tampon[hors];
    tampon[hors] = null;
      // supprime la ref a l'objet
    nMess--;
    hors = (hors + 1) % taille;
    notify();
      // envoie un signal non-plein
    return obj;
  }
}

class producteur extends Thread {
  private tamponCirc tampon;
  private int val = 0;
  public producteur(tamponCirc tampon) {
    this.tampon = tampon;
  }
  public void run() {
```

```
    while (true) {
      System.out.println("je depose✂
       "+val);
      tampon.depose(new Integer(val++));
      try {

Thread.sleep((int)(Math.random()*100));
        // attente de max 100 ms
      } catch (InterruptedException e) {}
    }
  }
}

class consommateur extends Thread {
  private tamponCirc tampon;
  public consommateur(tamponCirc tampon) {
    this.tampon = tampon;
  }
  public void run() {
    while (true) {
    System.out.println("je preleve " +✂
 ((Integer)tampon.preleve()).toString());
      try {

Thread.sleep((int)(Math.random()*200));
        // attente de max 200 ms
      } catch (InterruptedException e) {}
    }
  }
}

class utiliseTampon {

  public static void main(String args[]) {

    tamponCirc tampon = new tamponCirc(5);
    producteur prod = new✂
       producteur(tampon);
```

```
    consommateur cons = new
      consommateur(tampon);

    prod.start();
    cons.start();
    try {
      Thread.sleep(30000);
      // s'execute pendant 30 secondes
    } catch (InterruptedException e) {}
  }
}
```

Exécution:

```
...
je depose 165
je depose 166
je preleve 161
je depose 167
je preleve 162
je depose 168
je preleve 163
je depose 169
je preleve 164
je depose 170
je preleve 165
je depose 171
je preleve 166
je preleve 167
...
```

Nous déclarons deux processus, un `producteur` et un `consommateur`. Les données sont produites plus vite que le consommateur ne peut les prélever, à cause de la différence de durée des délais (aléatoires) introduits dans les 2 processus.

Il existe deux variantes de la méthode `wait()` qui permettent de spécifier un temps limite après lequel le processus sera réveillé, sans avoir à être notifié par un processus concurrent. Il s'agit de `wait(long` *`milli`*`)`, qui attend *`milli`* millisecondes, et de `wait(long` *`milli`*`,int` *`nano`*`)` qui attend *`nano`* nanosecondes en plus du temps *`milli`*.

Il n'est pas possible de savoir si `wait()` s'est terminé à cause d'un appel à `notify()` par un autre processus, ou de l'épuisement du temps.

La méthode `notifyAll()` réveille tous les processus, et dès que le moniteur sera libre, ils se réveilleront tour à tour.

Attention

Le noyau Java ne donne aucune garantie concernant l'élection des processus lors d'un appel à `notify()`. En particulier, il ne garantit pas que les processus seront débloqués dans l'ordre où ils ont été bloqués. C'est à cause de cela que l'on a placé `wait()` dans une boucle dans l'exemple précédent, car un consommateur pourrait réveiller un autre consommateur alors que le tampon est vide.
Remarquons aussi que les méthodes `wait()`, `notify()` et `notifyAll()` ne peuvent être appelées que dans des méthodes synchronisées (`synchronized`).

13. Les accès aux fichiers

13.1 Introduction

En Java, on peut facilement accéder à des fichiers à partir d'une application mais non, pour des raisons de sécurité, à partir d'une applet. On remarquera également qu'à tout accès au système de fichiers, il peut se produire une exception `java.io.IOException`. L'exemple ci-dessous montre comment obtenir des informations sur un fichier. Notons qu'il n'existe pas de classe spéciale pour traiter des répertoires, ceux-ci sont considérés comme des fichiers.

```
import java.io.*;
class fileInfo {
  public static void main✂
      (String args[]) throws✂
      java.io.IOException {
   System.out.println("Entrez le nom✂
      du répertoire où se trouve✂
      le fichier : ");
   char ch;
   // directory
   StringBuffer dirBuf = new✂
      StringBuffer();
   while ((ch =✂
      (char)System.in.read()) != '\n')
     dirBuf.append(ch);
   File dir = new✂
      File(dirBuf.toString());
```

```
    // file
   System.out.println("Entrez le nom✂
       du fichier : ");
   StringBuffer fileBuf = new✂
       StringBuffer();
   while ((ch = (char)System.in.read())✂
       != '\n')
      fileBuf.append(ch);
   File fil = new✂
      File(dir,fileBuf.toString());
    if (fil.exists()) {
      System.out.println("Fichier✂
       trouve");
      System.out.println("Nom de✂
       fichier : "+fil.getName());
      System.out.println("Chemin du✂
       fichier : " + fil.getPath());
      System.out.println("Chemin absolu✂
       : " + fil.getAbsolutePath());
      System.out.println("Droit de✂
       lecture : " + fil.canRead());
      System.out.println("Droit✂
       d'ecriture : " + fil.canWrite());
      System.out.println("\nContenu du✂
       repertoire :");
      String listing[] = dir.list();
      for (int i = 0;i <✂
       listing.length;i++)
        System.out.println(listing[i]);
   } else {
      System.out.println("Fichier✂
       absent");
   }
  }
}
```

13.2 Copieur de fichiers

La lecture et l'écriture se font en utilisant les différentes classes de traitement des flux (*streams* en anglais). L'exemple ci-dessous copie un fichier source dans un fichier destination, après avoir effectué un certain nombre de tests pour vérifier que l'opération de copie est possible. Les classes utilisées sont `FileInputStream` et `FileOutputStream` du paquetage `java.io`. Ces deux classes étendent `java.io.InputStream`.

```
import java.io.*;

class fileCopy {
  public static void main✂
       (String args[]) throws✂
       java.io.IOException {
    char ch;

    // repertoire source
    System.out.println("repertoire✂
       source : ");
    StringBuffer dirBuf = new✂
       StringBuffer();
    while ((ch =✂
       (char)System.in.read()) != '\n')
      dirBuf.append(ch);
    File srcDir = new✂
       File(dirBuf.toString());

    if (!srcDir.exists()) {
```

```
    System.out.println("repertoire✂
     absent");
    System.exit(1);
  } else if (!srcDir.canRead()) {
    System.out.println("repertoire✂
     illisible");
    System.exit(1);
  }

  // fichier source
  System.out.println("fichier✂
     source : ");
  StringBuffer fileBuf = new✂
     StringBuffer();
  while ((ch =✂
     (char)System.in.read()) != '\n')
    fileBuf.append(ch);
  File srcFile = new✂
     File(srcDir,fileBuf.toString());

  if (!srcFile.exists()) {
    System.out.println("fichier✂
     absent");
    System.exit(1);
  } else if (!srcFile.canRead()) {
    System.out.println("fichier✂
     illisible");
    System.exit(1);
  }

  // repertoire destination
  System.out.println("repertoire✂
     destination : ");
  dirBuf = new StringBuffer();
  while ((ch =✂
     (char)System.in.read()) != '\n')
    dirBuf.append(ch);
```

```
File dstDir = new✂
   File(dirBuf.toString());

if (!dstDir.exists()) {
  System.out.println("repertoire✂
   absent");
  System.exit(1);
} else if (!dstDir.canWrite()) {
  System.out.println("repertoire✂
   protege en ecriture");
  System.exit(1);
}

// fichier destination
System.out.println("fichier✂
   destination : ");
fileBuf = new StringBuffer();
while ((ch =✂
   (char)System.in.read()) != '\n')
  fileBuf.append(ch);
File dstFile = new✂
   File(dstDir,fileBuf.toString());

if (dstFile.exists()) {
  System.out.println("fichier✂
   existant");
  System.exit(1);
}

// copie du fichier

FileInputStream inStream = new✂
   FileInputStream(srcFile);
FileOutputStream outStream = new✂
   FileOutputStream(dstFile);
```

```
    // tant que ce n'est pas la fin✂
       du fichier
    while (inStream.available() > 0)
      outStream.write(inStream.read());

    // fermeture des fichiers
    inStream.close();
    outStream.close();
  }
}
```

14. Les accès au réseau

14.1 Introduction

Nous allons étudier la programmation d'applications et d'applets utilisant la classe `java.net.` Cette classe contient des classes qui vous permettent d'accéder au réseau, en utilisant le protocole. Ce chapitre n'est pas une introduction aux réseaux et une bonne compréhension des différents éléments mis en jeu est nécessaire. Les exemples donnés ci-après font usage de tous les mécanismes offerts au programmeur Java, il est donc important de maîtriser tous les concepts décrits jusqu'ici.

14.2 Les applications client

Avec Java, il est très facile d'ouvrir une connexion TCP/IP depuis une applet ou une application. La classe Socket fournit tous les outils nécessaires à cela. Une fois la connexion avec une autre machine établie, on a accès à un flux d'entrée et un flux de sortie, comme si l'on travaillait avec un fichier. Le réseau devient alors transparent.

Exemple:

```
import java.io.*;
import java.net.*;

public class jnetcat {
  public static void main(String args[]) {
    if (args.length != 2)
      System.out.println("usage :✂
       jnetcat hote port");
    else {
      Socket sk = null;
      try {
        sk = new Socket (args[0],✂
 Integer.valueOf (args[1]).intValue());
        DataInputStream is = new✂
 DataInputStream (sk.getInputStream());
        String ligne;
        while ((ligne = is.readLine())✂
       != null)
          System.out.println(ligne);
      } catch (UnknownHostException e) {
        System.out.println("hote✂
       inconnu : " + e.getMessage());
      } catch (IOException e) {
        System.out.println("erreur✂
       entree/sortie : " +✂
       e.getMessage());
      }
    }
  }
}
```

Cette application se connecte à la machine et au port TCP spécifiés sur la ligne de commande. Elle lit ensuite toutes les données, et les affiche à l'écran. On peut par exemple exécuter:

```
java jnetcat eig6.unige.ch 13
```

Exécution - port 13:

```
Thu May 30 11:23:19 1996
```

Le port 13 donne l'heure, on parle généralement du port `daytime`.

Exécution - port 19:

```
!"#$%&'()*+,-./0123456789:;<=>?@ABCDEFGHIJKLMNOPQR
!"#$%&'()*+,-./0123456789:;<=>?@ABCDEFGHIJKLMNOPQR
"#$%&'()*+,-./0123456789:;<=>?@ABCDEFGHIJKLMNOPQRS
#$%&'()*+,-./0123456789:;<=>?@ABCDEFGHIJKLMNOPQRST
$%&'()*+,-./0123456789:;<=>?@ABCDEFGHIJKLMNOPQRSTU
%&'()*+,-./0123456789:;<=>?@ABCDEFGHIJKLMNOPQRSTUV
&'()*+,-./0123456789:;<=>?@ABCDEFGHIJKLMNOPQRSTUVW
'()*+,-./0123456789:;<=>?@ABCDEFGHIJKLMNOPQRSTUVWX
```

Le port 19 est le port générateur de caractères, `chargen`, il envoie des lignes de caractères tant que le client est connecté. Pour arrêter le client, on doit presser contrôle-C.

14.3 Les applications serveur

Nous allons voir comment réaliser une application serveur TCP/IP. La classe `SocketServer` permet de se mettre en attente d'un client sur un port. La méthode `SocketServer.accept()` retourne un objet de la classe `Socket` lorsqu'un client veut se connecter. C'est grâce à cet objet que l'on pourra établir une connexion avec le client.

```
Exemple de serveur, un serveur d'heure:
import java.net.*;
import java.io.*;
import java.util.Date;
class serveurHeure {
  public static void main(String args[]) {
    try {
      ServerSocket sks = new
ServerSocket(11111);
      Socket sk = sks.accept();
      System.out.println(sk.toString());
      DataOutputStream out = new
DataOutputStream (sk.getOutputStream());
      out.writeBytes("Bienvenue" +
sk.getInetAddress().getHostName() + ". Il
est actuellement " + new Date() + "\n");
      sk.close();
      sks.close();
    } catch (IOException e) {
      System.out.println(e.getMessage());
    }
  }
}
```

Le résultat que l'on peut voir apparaître sur la console où l'on a lancé le serveur est :

```
Socket[addr=129.194.184.2,port=2569,✄
localport=11111]
```

Pour se connecter à ce serveur, on peut utiliser `telnet` ou l'utilitaire `jnetcat` qui a été décrit dans le chapitre précédent. Le client qui se connecte sur le port 11111 du serveur peut voir apparaître un message du type:

```
Bienvenue localhost. Il est actuellement
Thu May 30 14:12:35 MET DST 1996
```

Généralement, on désire pouvoir servir plusieurs applications clientes à partir du même serveur, comme c'est le cas pour FTP et HTTP. Nous allons voir comment implémenter un serveur *multi-thread*, qui crée un processus par client. Nous déclarons une classe connexion qui est capable de traiter les entrées/sorties d'un client que nous instancions chaque fois qu'un client se connecte sur le port serveur.

Le programme ci-dessous est un exemple de serveur qui peut s'accommoder de plusieurs clients concurremment. Lorsqu'un client s'y connecte, le serveur initialise un compteur à 0, et chaque nombre que le client lui envoie est additionné à ce compteur.

```
import java.io.*;
import java.net.*;
public class serveurAdd {
  static int port;
  public static void main(String args[]) {
    if (args.length != 1) {
      System.out.println("usage :✂
        serveurAdd  port");
      System.exit(1);
    }
    ServerSocket serveur;
    try {
      port = Integer.parseInt(args[0]);
    } catch (NumberFormatException e) {
      System.out.println("le port doit✂
            etre une valeur entre ✂
            1024 et 65535");
      System.exit(1);
    }
    try {
      serveur = new ServerSocket(port);
      for (;;)
        new connexion(serveur.accept());
    } catch (IOException e) {
      System.out.println("erreur a la✂
            creation d'un objet Socket :✂
            " + e.getMessage());
      System.exit(1);
    }
  }
}

class connexion implements Runnable {
  Socket client;
  DataInputStream depuisClient;
  DataOutputStream versClient;
  int somme = 0;
```

```
  public connexion(Socket client) {
    this.client = client;
    try {
      // creation des flux de/vers le✂
           client
    depuisClient = new DataInputStream✂
      (client.getInputStream());
    versClient = new DataOutputStream✂
      (client.getOutputStream());

           // message d'accueil
      versClient.writeBytes✂
        ("Bienvenue surle serveur✂
         additionneur\r\n");
      versClient.writeBytes("Entrez✂
       un nombre suivi de entree\r\n");
    } catch (IOException e) {
      try { client.close(); } ✂
      catch (IOException ee) {}
    }
    new Thread(this).start();
  }

  public void run() {
    try {
      try {
        String lue;
        while ((lue =
depuisClient.readLine()) != null) {
          somme += Integer.parseInt(lue);
          versClient.writeBytes✂
            ("merci. La somme est✂
            maintenant "+somme+"\r\n");
        }
        versClient.writeBytes✂
            ("Au revoir ! \r\n");
```

```
      } catch (NumberFormatException e) {
        versClient.writeBytes("Seuls✂
            les nombres sont autorises.✂
            Au revoir !\n");
      }
    } catch (IOException e) {
      System.out.println("Exception
entree/sortie : " + e.getMessage());
    }
    stop();
  }

  public void stop() {
    try {
      client.close();
    } catch (IOException e) {
      System.out.println("exception✂
       a la fermeture d'une connexion :
"+e);
    }
  }
}
```

Pour vous connecter à ce serveur, vous pouvez utiliser toute application `telnet`. Vous pouvez tester ce serveur, voici une démarche possible sous Windows95/NT:

```
javac serveurAdd.java
```

```
start java serveurAdd 1234
```

```
telnet localhost 1234
```

On compile et on exécute le serveur grâce aux deux premières lignes. On se connecte ensuite au serveur en utilisant telnet. Vous pouvez aussi essayer de vous connecter au travers d'un réseau: si vous avez accès à plusieurs machines, vous exécutez le serveur sur l'une d'elles:

```
java serveurAdd 1234
```

et vous vous connectez à partir d'une deuxième machine:

```
telnet le nom DNS de votre machine 1234
```

ou en utilisant l'adresse IP de votre machine:

```
telnet 101.201.103.204 1234
```

14.4 Un exemple client - serveur

Nous allons créer un système qui permet à des applets d'afficher des messages sur un système serveur. Lorsque le logiciel de navigation lance l'exécution de l'applet `cli`, celle-ci se connecte sur le serveur pour obtenir une liste de noms. Cette liste est traitée et insérée dans un composant `List`. Lorsque l'utilisateur presse le bouton "envoi", l'applet transmet le message au serveur, dans le format :

```
send:nom:message
```

Lorsque le serveur reçoit un message comme celui-ci, il l'affiche sur la console. La liste de noms que le serveur envoie à l'applet est contenue dans un fichier qui est lu à l'initialisation du serveur.

Le source du client :

```
import java.awt.*;
import java.applet.*;
import java.io.*;
import java.net.*;
import java.util.StringTokenizer;

public class cli extends Applet ✂
      implements Runnable {
  final static int serverPort = 11115;

  Thread kicker;
  List beepList;
  TextField messageArea;
```

```
Button sendButton;
String serverHost;

Socket sk;
DataInputStream fromServer;
DataOutputStream toServer;

public void init() {
  add(new Label("Client"));
  beepList = new List(5,false);
  add(beepList);
  add(new Label("Entrez ✂
    votre message : "));
  messageArea = new TextField(30);
  add(messageArea);
  sendButton = new Button("Envoi");
  add(sendButton);
  serverHost = getCodeBase().getHost();
  if (serverHost.equals(""))
    serverHost = "localhost";
}

public void start() {
  if (kicker == null) {
    kicker = new Thread(this);
    kicker.start();
  }
}

public void stop() {
  if (kicker != null) {
    kicker.stop();
    kicker = null;
  }
}

public void run() {
try {
```

```
        connect();
        String line;
        while ((line =
fromServer.readLine()) != null) {
          StringTokenizer st = ✂
        new StringTokenizer✂
        (line,":",false);
          String token = st.nextToken();
          if (token.equals("beep")) {
            beepList.addItem(st.next✂
              Token());
          } else if (token.equals✂
              ("message")) {
            System.out.println("message✂
              du serveur : " +✂
              st.nextToken());
          } else if (token.equals✂
              ("hello")) {
            showStatus("connected ✂
              to server");
            toServer.writeBytes("list\n");
          } else if (token.equals("end")) {
            showStatus("Entrez votre ✂
              message et pressez Envoi");
          } else {
            toServer.writeBytes("message:✂
              Unknown command\n");
            System.out.println("message✂
              inconnu du serveur : " +✂
              line);
          }
        }
      } catch (IOException e) {
        showStatus("Ne peut pas se ✂
        connecter au serveur");
      } finally {
```

```
        disconnect();
      }
    }

    public boolean action(Event evt,✂
        Object arg) {
      if (evt.target instanceof Button) {
        if (evt.target == sendButton) {
          try {
            sendPage();
          } catch (IOException e) {
            System.out.println("IO :✂
              "+e.getMessage());
          }
        }
      } else {
        return false;
      }
      return true;
    }

    public void sendPage() throws✂
        IOException {
      if (beepList.getSelectedItem()✂
          == null) {
        showStatus("Vous devez ✂
        selectionner un destinataire");
        return;
      }
      if (messageArea.getText().✂
        equals("")) {
        showStatus("Vous devez ✂
              entrer un message");
        return;
      }
      System.out.println("Envoi d'un✂
        message a " + beepList.get✂
```

```
        SelectedItem() + " !");
      toServer.writeBytes("send:" +
beepList.getSelectedItem() + ":" +
messageArea.getText() + "\n");
  }

  public void connect() throws✂
        IOException {
      sk = new Socket(serverHost,✂
        serverPort);
      fromServer = new DataInputStream
(sk.getInputStream());
      toServer = new DataOutputStream
(sk.getOutputStream());
  }

  public void disconnect() {
      try {
        sk.close();
      } catch (Exception e) {
      }
  }
}
```

De ce programme, seule la méthode `getCodeBase()` est inconnue. Elle permet de connaître la provenance de l'applet. En général, il s'agit du serveur Web d'où provient la page la contenant. On utilise `getCode-Base().getHost()` pour connaître le nom du serveur. On utilise ensuite cette information pour se connecter au serveur que nous allons étudier. Remarquons encore que si l'on charge l'applet depuis le disque dur, `getCodeBase().getHost()` retourne une chaîne vide que nous remplaçons par `local-host`.

Le source du serveur :

```
import java.io.*;
import java.net.*;
import java.util.*;

public class ser {
  static int port;

  /** cree une Hashtable avec✂
      le nom des personnes atteignables */
  public static Hashtable✂
      buildDataBase(String filename) {
    Hashtable db = new Hashtable();
    try {
      DataInputStream fileInput = ✂
        new DataInputStream (new ✂
        FileInputStream(filename));
      String line;
      while ((line = fileInput.✂
            readLine()) != null) {
        StringTokenizer st = new String✂
            Tokenizer (line,":",false);
        db.put(st.nextToken(),✂
            st.nextToken());
      }
    } catch (NoSuchElementException e) {
      System.out.println("Erreur✂
            de format dans la base de✂
            donnees : " + e.getMessage());
      System.exit(1);
    } catch (IOException e) {
      System.out.println("Erreur lors✂
        de la lecture de la base de✂
        donnees : " + e.getMessage());
```

```
      System.exit(1);
    }
    return db;
  }

  public static void main(String args[]) {
    if (args.length != 2) {
      System.out.println("usage : ✂
          ser bdonnee port");
      System.exit(1);
    }
    ServerSocket server;
    try {
      port = Integer.parseInt(args[1]);
    } catch (NumberFormatException e) {
      System.out.println("le port ✂
            doit etre une valeur entre✂
              1024 et 65535");
      System.exit(1);
    }
    try {
      server = new ServerSocket(port);
      Hashtable dataBase = ✂
            buildDataBase (args[0]);
      for (;;)
        new connection(server.✂
            accept(), dataBase);
    } catch (IOException e) {
      System.out.println("erreur ✂
            a la creation d'un objet✂
            Socket : " + e.getMessage());
      System.exit(1);
    }
  }
}

class connection implements Runnable {
```

```
Hashtable db;
Socket client;
DataInputStream fromClient;
DataOutputStream toClient;
int somme = 0;

public connection(Socket✂
    client,Hashtable db) {
  this.client = client;
  this.db = db;
  try {
    // creation des flux de/to le client
    fromClient = new DataInputStream✂
         (client.getInputStream());
    toClient = new DataOutputStream✂
         (client.getOutputStream());
    System.out.println("Nouvelle✂
         connexion au serveur : " +✂
         client);
  } catch (IOException e) {
    try { client.close(); } ✂
      catch (IOException ee) {}
  }
  new Thread(this).start();
}

public void run() {
  try {
    toClient.writeBytes("hello\n");
    String line;
    while ((line = fromClient."
    readLine()) != null) {
      StringTokenizer st = new
       StringTokenizer (line,":",false);
      String token = st.nextToken();
      if (token.equals("list"))
        sendList();
```

```
        else if (token.equals("send")) {
sendPage(st.nextToken(),st.nextToken());
          toClient.writeBytes("message✂
            :Le serveur vous dit merci✂
            !\n");
        } else if (token.equals✂
            ("message"))
          System.out.println("message :✂
            "+st.nextToken());
        else if (token.equals("exit")✂
            || token.equals("quit"))
          break;
        else
          toClient.writeBytes("message:✂
           Unknown command\n");
      }
      toClient.writeBytes✂
            ("message:bye !\n");
    } catch (IOException e) {
      System.out.println✂
            ("Exception entree/sortie :✂
              " + e.getMessage());
    }
    stop();
  }

  public void stop() {
    try {
      client.close();
    } catch (IOException e) {
      System.out.println("exception✂
       a la fermeture d'une connexion :✂
       "+e);
    }
  }
```

```
  /** envoie la liste de noms au client */
  public void sendList() throws✂
      IOException {
    for (Enumeration e =✂
      db.keys();e.hasMoreElements();) {
       toClient.writeBytes ("beep:" +✂
        (String)e.nextElement() + "\n");
    }
    toClient.writeBytes("end\n");
  }

  /** cette methode est appelee✂
       lorsqu'un client demande l'envoi✂
      d'un message */
  public void sendPage(String name,✂
      String msg) {
    System.out.println("Requete ✂
      d'envoi du message \""+msg+"\"✂
       a "+name);
  }
}
```

Un exemple de fichier qui contient la liste des personnes pouvant recevoir un message:

```
alex:123
antonio:241
francois:413
jean:331
patrick:441
```

Pour lancer le serveur, il faut entrer la ligne de commande suivante:

`java ser` *`fichier`*

où *fichier* contient la liste des destinataires possibles.

15. Ressources sur internet

Voici quelques adresses de serveurs Web traitant de Java:

- `http://www.javasoft.com`

  Le site officiel de Sun sur Java. C'est ici que vous trouverez le JDK, la documentation ainsi que les dernières nouvelles.

- `http://www.javaworld.com`

  Informations bimensuelles concernant Java. Aussi bien le côté technique que le côté politique sont exposés. Dans chaque numéro, on peut trouver des exemples documentés ainsi que des trucs et astuces.

- `http://www.ncworld.com`

  Des informations concernant la plate-forme *Network Computer*, au cœur de laquelle on retrouve Java.

- `http://www.gamelan.com`

  Contient beaucoup de programmes en Java, certains étant distribués avec leur code source.

- **http://pausejava.u-strasbg.fr**

Un bon site en français qui contient des références sur des documents et des sites concernant Java, en majorité en français.

- **http://cuiwww.unige.ch/java**

JavaCorner, le coin Java de l'Université de Genève, en français

- **http://www.marabout.com**

Le site de Marabout, sur lequel vous trouverez des informations sur les autres ouvrages disponibles.

Table des matières

1142

MARABOUT

IMP. BUSSIÈRE, SAINT-AMAND (CHER). — N° 380.
D. L. FÉVRIER 1998/0099/049
ISBN 2-501-02911-9
Imprimé en France